W0197606

ECON Ratgeber
Essen und Trinken

Anneliese und Gerhard Eckert

Selbst räuchern

Fische, Fleisch und Wurst
100 Rezepte

ETB
ECON Taschenbuch Verlag

CIP-Kurztitelaufnahme der Deutschen Bibliothek

Eckert, Anneliese:
Selbst räuchern: Fische, Fleisch u. Wurst;
100 Rezepte / Anneliese u. Gerhard Eckert.
Orig.-Ausg. – Düsseldorf: ECON Taschenbuch Verlag, 1985.
(ETB; 20087: ECON Ratgeber)
ISBN 3-612-20087-9

NE: Eckert, Gerhard; GT

Originalausgabe

© ECON Taschenbuch Verlag GmbH, Düsseldorf
Oktober 1985
Umschlagentwurf: Ludwig Kaiser
Titelfoto: Anneliese Eckert
Fotos: W. & O. Dittmann, Apparatebau G. Kronawitter
Zeichnungen: Edith Kuchenmeister-Fuchs
Die Ratschläge in diesem Buch sind von Autor und Verlag
sorgfältig erwogen und geprüft; dennoch kann eine Garantie
nicht übernommen werden. Eine Haftung des Autors bzw. des
Verlags und seiner Beauftragten für Personen-, Sach- und
Vermögensschäden ist ausgeschlossen.
Gesamtherstellung: Ebner Ulm
Printed in Germany
ISBN 3-612-20087-9

Inhalt

Räuchern macht Spaß!

Bückling, geräucherte Forellen, Rauchfleisch oder Würste und viele andere leckere Räucherwaren sind immer beliebt – sei es für eine Hauptmahlzeit oder für eine appetitliche Beilage. Aber natürlich sind Sie darauf angewiesen, daß Sie ein Geschäft kennen, das Geräuchertes aller Art frisch und abwechslungsreich anbietet. Das ist – ehrlich gesagt – nicht immer der Fall.

Wenn Sie also wirklich etwas ganz frisch geräuchert genießen wollen, vielleicht sogar noch warm, dann nehmen Sie das Räuchern am besten selbst in die Hand. Das klingt ungewöhnlich. Da denkt mancher an offenes Feuer, an verrußte Gesichter, an rauchige Räume. Aber so ist es gar nicht. Beim Räuchern, wenn es richtig angefangen wird, entsteht weniger Rauch als beim Grillen.

Ähnlich wie die Grillparty heute zu den beliebten Vergnügungen gehört – Unterhaltung mit Eßgenuß verbunden –, kann auch die Räucherparty ein Höhepunkt zünftiger Geselligkeit sein. Darüber hinaus aber läßt sich aus Geräuchertem, aus Selbstgeräuchertem, versteht sich, mancherlei bereiten, das auch Ihren normalen Speisezettel ungewöhnlich bereichert.

Dazu brauchen Sie keine »richtige« Räucherkammer, wie sie Ihr Fleischer vielleicht hat und wie sie von Forellenzüchtern benützt werden. Das wäre eine kostspielige Anschaffung. Nein, es ist erstaunlich, wie Sie mit sehr einfachen und preiswerten Geräten ausgezeichnet räuchern können. Und gefährliche »Feuerspiele« sind damit auch nicht verbunden. Alles ist viel einfacher, als Sie vielleicht bisher angenommen haben.

Kurzum: Räuchern macht wirklich Spaß! Denn jetzt erst entdecken viele, wie köstlich die noch warme, frisch aus dem Rauch kommende Forelle, das leicht gebräunte Hühnerbein oder das zart angeräucherte Rumpsteak schmecken können. Eine ganz neue Geschmackslandschaft tut sich für Sie auf. Dem Einheitsaroma der käuflichen Räucherwaren setzen Sie Ihre individuelle Note entgegen.

Dafür gibt es viele Möglichkeiten. Sie können verschiedene Holzarten zum Räuchern ausprobieren. Sie marinieren Ihre Speisen vor dem Räuchern nach persönlichem Geschmack. Sie entwickeln auf eigene Faust Räuchergenüsse, die Ihnen kein Feinkostgeschäft bieten kann. Hier sind Phantasie und schöpferische Kochkunst noch gefragt. Hier kann und muß jeder, ob Koch oder Köchin, Neuland entdecken, das seiner Zunge und seinem Gaumen gerecht wird.

Dabei können Sie Ihre heimische Räucherpraxis nach Belieben in einem Nebenraum Ihrer Wohnung oder im Freien, auf einem Balkon, einer Terrasse oder mitten im Garten betreiben. Geräuchertes ist nämlich eine Spezialität, die Sie das ganze Jahr hindurch genießen können.

Wenn Sie gar Angler sind (oder einen solchen in Ihrer Bekanntschaft haben), dann finden frische Fische sofort den Weg in Ihre Räucherwerkstatt, so daß Sie nicht einmal auf ein Fischgeschäft oder die nächste Teichwirtschaft angewiesen sind. Sie werden darüber hinaus entdecken, daß sich mancherlei räuchern läßt, das Sie noch gar nicht mit dieser Geschmacksnote kannten: beispielsweise harte Eier, Hähnchenkeulen und Putenbrust.

Aber das werden Sie alles bald selbst ausprobieren können. Räuchern macht erfinderisch und entdeckungsfreudig. Wie Sie es am besten anfangen und welche guten Dinge Sie mit Geräuchertem auf den Tisch bringen können, das wollen wir Ihnen in diesem Buch schildern.

Wir wünschen Ihnen also guten Erfolg und viel Freude an Ihrem neuen Räuchergenuß!

Anneliese und Gerhard Eckert

Warum eigentlich räuchern?

Räuchern ist – vom technischen Vorgang her gesehen – ein »alter Hut«. Schon in frühen Zeiten hat man Nahrungsmittel, insbesondere Fleisch, durch Räuchern haltbar gemacht; das war sein ursprünglicher Sinn.

Die Nahrung wird durch den Rauch von verschwelendem Holz gleichsam imprägniert und somit werden die fäulniserregenden Bakterien ferngehalten oder getötet. Das wiederum erklärt sich dadurch, daß der Schwelrauch vielerlei chemische Stoffe wie Alkohol, Aldehyde, Ketone, Holzessigsäure, Kreosot und Kreosol, enthält. Kreosot beispielsweise, ein Teerprodukt, wird wegen seiner keimtötenden Wirkung zum Desinfizieren verwendet.

Bei einem kürzeren Räuchervorgang von 10–20 Minuten schlägt sich der Rauch besonders auf der Außenseite der Nahrung nieder. Je länger und stärker aber der Rauch ins Innere der geräucherten Speise eindringt, desto dauerhafter ist die damit erreichte Haltbarkeit.

Dieser ursprüngliche Grund fürs Räuchern ist jedoch heute nicht mehr so wichtig. Denn in unseren Kühlschränken und Tiefkühlgeräten können wir alle Nahrungsmittel beinahe beliebig lange aufbewahren, ohne daß wir Angst vor Fäulnis haben müssen. Räuchern wäre also unter diesen Umständen gar nicht mehr nötig, wenn – ja, wenn das Raucharoma, das Räuchern den Nahrungsmitteln gibt, nicht so lecker wäre. Der geräucherte Schinken, die geräucherte Wurst, die geräucherten Fische – das sind einfach Spezialitäten, die sich niemand aus unserer Nahrung wegdenken möchte.

Räuchern hat also in unseren Tagen einen ganz anderen Sinn erhalten, als es ihn über viele Jahrhunderte hinweg für unsere Vorfahren hatte. Damals wollte man Vorräte anlegen, die über längere Zeit halt- und genießbar blieben. Wir aber räuchern aus Gründen des pikanten Geschmacks.

So heißt es bezeichnenderweise in einem Handbuch für Fleischer: »Geräucherte Ware spricht bei den Kunden im allgemeinen besser an als ungeräucherte.« Deshalb werden heute viele Fleischprodukte geräuchert, obwohl sie eigentlich zum sofortigen Verzehr bestimmt sind, wie z. B. Kasseler, Eisbein oder Wurst.

Für Fischgeschäfte verhält es sich nicht anders. Hier stehen der Salzhering mit dem Bückling, die frische Makrele mit der geräucherten, der frische Lachs mit dem geräucherten und viele andere Fischprodukte in einem ständigen Wettbewerb.

Dabei spielt übrigens neben dem Geruch und Geschmack auch die Farbe eine Rolle. Geräucherte Fleisch- und Fischwaren erhalten einen gelb- bis dunkelbraunen, ja goldähnlichen Farbton, der das Auge schon den Vorgeschmack der Mahlzeit genießen läßt.

So räuchern wir heute nur noch manchmal – beim Schinken oder Speck etwa – auch mit dem Ziel einer langfristigen Konservierung. Viel öfter hingegen besteht die Absicht – und das gilt für den Hobbyräucherer ausschließlich –, den Geschmack zu verbessern und würziger zu machen.

Spitzenprodukte, wie Räucherlachs oder Gänsebrust (um zwei hervorzuheben), bilden daher auch Höhepunkte eines kalten Büfetts und sind begehrte Delikatessen. Ähnliches gilt vom Katenschinken (der seinen Namen von der Rauchkate hat, in der er sein Aroma erhält) und vom Hirsch- oder Elchschinken, die deftige Spezialitäten der gehobenen kalten Küche sind. Freilich: Sie sind *auch* haltbar gemacht worden, aber vor allem haben sie eine Geschmacksnote erhalten, die Voraussetzung für ihre weitreichende Beliebtheit ist.

Mit einiger Übertreibung und dem Enthusiasmus des Räucherliebhabers könnte man sagen: Es gibt nichts, was nicht geräuchert wird oder geräuchert werden kann. Und die Amateurräucherer haben immer noch Gelegenheit, kulinarisches Neuland aufzuspüren und aus dem Rauch neue Geschmacksvariationen entstehen zu lassen. Da sind der Phantasie keine Grenzen gesetzt. Haben Sie schon einmal geräuchertes Kartoffelpüree, geräucherten Ochsenschwanz, Räucherbanane oder geräucherte Muscheln gegessen? Aber das sind Räucherprodukte, bei denen Originalität und Wohlgeschmack miteinander wetteifern.

Wer zum ersten Mal seine Forellen frisch aus dem Räuchergerät mit dem selbsterzeugten Buchenrauch warm auf dem Teller hat, wird das, was ihm Geschäfte und Restaurants anbieten, nur noch mit gedämpfter Begeisterung genießen. Der selbstgeräucherte Fisch verleiht dem Anglerhobby außerdem eine ganz neuartige Nuance. Und im Gegensatz zu der vertrauten Gewohnheit einer Grillparty kann der Besitzer eines Räuchergerätes seine Gäste sicherlich mit einer Räucherparty überraschen. Dabei halten sich die kulinarischen Vorzüge und die prestigeträchtige »Sensation« gewissermaßen die Waage.

Geräuchertes läßt sich vielseitig verwenden, wenn Sie es erst in eigener Regie zubereiten. Es spielt gar keine Rolle, welchen Platz Sie ihm auf Ihrem Küchenzettel einräumen wollen: als Hauptgericht, als Vorspeise, als Beilage oder als würzige Zutat in einem anderen Gericht, vielleicht in einem deftigen Eintopf. All das ist möglich, und den Variationen sind keine Grenzen gesetzt. Räuchern Sie nur darauf los...!

Allerdings: Falls Sie möglicherweise jetzt den kühnen Plan hegen sollten, einen Schinken oder auch eine Gänsebrust aus eigener Räucherei zuzubereiten, müssen wir Sie enttäuschen. Denn das Räuchern eines Schinkens (oder einer Mettwurst) – der Fleischermeister spricht von »Dauerware« – braucht seine Zeit und übersteigt die Fähigkeiten unseres Hobbyräuchergeräts. Nicht nur Tage, sondern oft viele Wochen lang wird das Fleisch dafür ganz allmählich mit sogenanntem Kaltrauch von etwa 20 Grad geräuchert. Dafür verbindet es dann auch Aroma mit Haltbarkeit. Auch als Freizeiträucherer müssen Sie also den köstlich duftenden Schinken im Fleischfachgeschäft kaufen.

Denn wir als Räucherer aus Leidenschaft sind auf den Heißrauch angewiesen. Der arbeitet schnell, mit Temperaturen um 100 °C und sorgt schon in wenigen Minuten dafür, daß Fisch oder Fleisch das gewünschte Aroma und die begehrte, appetitanregende Färbung erhalten. Uns geht es, um das zu wiederholen, ja nicht um lange Haltbarkeit, wie sie bei bestimmten Fleischprodukten notwendig ist.

Wer genug Geduld hat, um sein Räuchergerät in Abständen von wenigen Stunden mit immer neuem Räuchermehl vielleicht einen Tag lang in Gang zu halten, könnte sich auch an deftigere Fleischstücke wagen. Aber dabei sind – das wollen wir offen sagen – gegenüber den beim Kaltrauch möglichen feinen Dosierungen die Vorzüge des Selbstgeräucherten weniger überzeugend. Sie tun also gut, sich mit Ihrem Heißrauch auf solche Nahrungsmittel zu beschränken, die zum sofortigen (oder doch baldigen) Verzehr bestimmt sind und bei denen es auf die geschmackliche Note ankommt.

Das ist in der Tat der springende Punkt! Sie haben mit Ihrer Räuchermethode die Möglichkeit, Grad, Intensität und Eigenart des Räucherns ganz nach Ihrem persönlichen Geschmack abzustimmen. Das beginnt damit, daß Sie das Säge- bzw. Räuchermehl auswählen, das Ihnen den für Ihre Begriffe angenehmsten Rauchgeschmack herbeizaubert. Dabei können Sie mit verschiedenen Würzmitteln individuell nachhelfen. Auf dem Markt angeboten werden rund 10 unterschiedliche Holzsorten, von denen jede ihre Eigenart hat. Informieren Sie sich ausführlich bei den entsprechenden Firmen (siehe Seite 139). Die Firma Kahler in Berlin bietet z. B. eine breite Palette von Würzmöglichkeiten an, von Räuchermehlmischungen bis hin zu entsprechenden Fertiggewürzen.

Sie können die Räucherzeit beliebig verkürzen oder ausdehnen – entweder bis zu einem feinen, nußartigen Rauchgeschmack für die sensible Zunge oder zum deftig-kräftigen Rauchüberzug, der selbst den Pfeifenrauchergaumen noch kitzelt. Mit jedem neuen Räuchervorgang werden Sie neue Erfahrungen und Erkenntnisse sammeln können, bis Sie so allmählich Ihren ganz individuellen Räucherstil entwickelt haben.

Allerdings können wir Ihnen dafür nur allgemeine Anregungen und Richtlinien vermitteln; denn um am besten nach eigenem Gusto zu räuchern, muß jeder seine geschmacklichen Neigungen entdecken. Selbst die Außentemperatur, in der Sie räuchern – im winterlich kalten Raum oder unter strahlender Sommersonne –, hat auf den Räuchervorgang ihren Einfluß. Das macht ja gerade das Selbsträuchern so reizvoll, daß hier nichts nach 08/15-Methode geschieht, sondern sich eine breite Skala von Variationen bietet.

Sie werden als Ihr eigener Räuchermeister noch manches überraschende Erlebnis mit Ihrem Räucheröfchen und mit Ihrer Umwelt haben. Betrachten Sie es jedenfalls nicht als einen Mangel, daß Sie nicht über die aufwendige Räucherkammer eines Fachbetriebs verfügen, sondern über ein verhältnismäßig kleines, leicht bewegliches, überall und jederzeit verwendbares Heißrauchgerät, das Ihnen wenig Arbeit macht, aber viel Freude und Genuß bringt.

Die einfachste Antwort auf die Frage, warum wir (und vermutlich bald auch Sie) eigentlich selbst räuchern, muß lauten: Weil wir genießerische Feinschmecker sind!

Was brauchen Sie zum Räuchern?

Wenn Sie nicht gerade in einer sehr großen Stadt mit reichhaltig ausgestatteten Geschäften leben, wird man Sie ziemlich hilflos ansehen, wenn Sie nach einem Gerät zum Räuchern fragen. Versuchen können Sie es auf alle Fälle in Geschäften für Haushaltswaren, Freizeitartikel und Angelbedarf.

Aber meist ist entweder gar nichts vorhanden, oder es besteht nur eine minimale Auswahl. Im schlimmsten Fall stoßen Sie auf völlige Ahnungslosigkeit. Das sind jedenfalls die Erfahrungen, die wir am Anfang auf der Suche nach Räucherutensilien gemacht haben. Wenn Sie viel Glück haben, dann kann man Ihnen Prospekte zeigen, so daß Sie das Gewünschte wenigstens bestellen können.

Sie wenden sich also am besten direkt an Spezialfirmen – das gilt besonders dann, wenn Sie abseits von Großstädten wohnen. Solche Spezialfirmen stellen entweder die Räuchergeräte selbst her und geben sie als Direktlieferanten an die Käufer ab, oder sie haben Verbindungen dorthin, wo es Lieferanten gibt (siehe auch Kapitel »Bezugsquellen« auf Seite 139). In diesen Fällen können Sie auch sicher sein, daß Sie richtig beraten werden, was sonst gewöhnlich nicht der Fall ist. Sie merken schon: Räuchern ist bei uns immer noch Neuland.

Vielleicht gilt Ihre erste Frage dem Problem, wieviel Geld Sie aufwenden müssen, um räuchern zu können. Das kann sehr wenig sein, wenn Sie ein geschickter Bastler sind und sich Ihr Räuchergerät selbst herstellen wollen und können. Dazu brauchen Sie nur eine alte Tonne oder einen großen Eimer, aus denen Sie den Boden entfernen müssen, sowie ein gutes

Räuchermehl

Sockel aus
2–3 Ziegelsteinen
auf jeder Seite

Flamme

Dutzend Ziegelsteine und einige Metallstäbe. Das sind Dinge, die sich auf dem Land leicht finden oder beschaffen lassen. In der Stadt ist es wohl etwas schwieriger und aufwendiger. Immerhin gibt Ihnen eine solche simple Einrichtung zugleich einen Begriff, wie es beim Räuchern zugeht und worauf es ankommt.

Sie müssen Ihre Tonne (oder den Eimer) so auf einen Ziegelsteinsockel setzen, daß darunter Raum genug für Ihr Feuer bleibt. Über der offenen Oberseite der Tonne befestigen Sie 2 oder 3 Stäbe, an denen Sie Ihr Räuchergut (insbesondere Fische) mit Haken aufhängen können. Das Ganze decken Sie, damit der Rauch nicht allzu rasch entweicht, mit einem feuchten Tuch oder Sack ab, den Sie nach Belieben mehr oder weniger öffnen können. So sind Sie in der Lage – selbstverständlich im Freien und möglichst windgeschützt –, ohne weiteres zu räuchern.

Das also wäre Räuchern gewissermaßen im Urzustand. Inzwischen aber hat man (zuerst in Skandinavien) Räuchergeräte entwickelt, die das Räuchern bequemer, sicherer und ohne Bastlertricks ermöglichen. Diese fertigen Räuchergeräte in verschiedener Form und Größe beginnen bei einem Preis von etwa 60,– DM und reichen bis ungefähr 1000,– DM. Für den

Dieses elektrische Gerät der Firma Kronawitter in Wallersdorf kostet stahllackiert 195,– DM, in Nirosta 390,– DM zuzüglich Mehrwertsteuer.

normalen Haushalt und den Bedarf zum Selbstverzehr im Familienkreis genügen durchaus die kleineren Geräte. Bereits ein Gerät für etwa 250,– DM, das elektrisch als Räuchergrill betrieben wird, erfüllt alle Anforderungen für den Hobbyräucherer und kann sogar schon einer kleinen Gastwirtschaft oder einem Angelverein nützlich sein.

Mit dem Begriff »elektrisch« ist ein Thema angesprochen, das Sie beim Kauf Ihres Gerätes berücksichtigen müssen: Wie entsteht der Rauch, den Sie zum Räuchern nun einmal brauchen? Um die nötige Hitze zu erreichen, die das Räucherholz (Räuchermehl) zum Schwelen bringt, können Sie verschiedene Methoden anwenden.

Am sinnvollsten ist es dabei, das Räuchermehl durch eine offene Flamme zu erhitzen, und zwar mit einem Spiritusbrenner, der entweder mit flüssigem Spiritus oder mit den leicht entzündlichen Spiritustabletten betrieben wird. Auch mit Gas können Sie die Hitze für Ihr Räuchergerät erreichen. Das ist besonders für Camper und Caravaner interessant, die ihr Propan- oder Campinggas ohnehin verfügbar haben. Wenn das nicht der Fall ist, kann es manchmal etwas umständlich sein, einen Gasanschluß herzustellen, falls Sie nicht – auch das ist möglich – eine Minigasflasche fest an Ihr Räuchergerät anschließen. Es handelt sich also um eine indirekte Hitze, anders als beispielsweise beim Anzünden eines Ofens oder Kamins. Aber Sie können auch die Elektrizität nutzen, um Ihr Räuchermehl zum Schwelen zu bringen.

Die mit Spiritus oder Gas betriebenen Geräte sind im Vergleich zu den elektrischen kleiner, also leichter transportabel und auch billiger. Allerdings ist auch die Menge an Fisch oder Fleisch, die Sie auf einmal räuchern können, begrenzt.

Wir haben alles ausprobiert und sind zum Schluß bei einem elektrisch betriebenen Räuchergerät geblieben. Es hat den Vorzug, daß man zu keiner Zeit mit einer offenen Flamme arbeiten muß. Die Regulierung der Temperatur erfolgt ziemlich gleichmäßig mit Hilfe eines eingebauten Thermostats, der mit seinen Heizstäben zugleich die Funktion eines Grills erfüllt, also zusätzlich gart. Und Strom erzeugt eben eine saubere und ohne Vorbereitung jederzeit verfügbare Hitze. Ob drinnen oder draußen: Da gibt es keine Probleme! Sie müssen nicht die Flamme im Wind anzünden. Es kann nicht passieren, daß Spiritus oder Gas zur Neige gehen und man beispielsweise erst auf die Abkühlung warten muß, bis der Spiritus neu aufgegossen werden darf.

Zugegeben: Das elektrische Räuchergerät, sozusagen die bisherige »Spitze« der technischen Entwicklung, ist weniger »zünftig«. Aber es nimmt Ihnen lästige Tätigkeiten, nämlich das Erzeugen der Hitze, automatisch ab. Allerdings – das wollen wir gar nicht beschönigen – sind die elektrischen Geräte auch teurer als insbesondere diejenigen für Spiritus. Wenn Sie also vielleicht Ihre ersten Räuchererfahrungen (wer weiß, ob Sie bei der Stange bleiben?) mit möglichst geringen Kosten machen wollen, dann werden Sie nicht gleich einiges über 200,– DM ausgeben wollen, die der elektrische Räuchergrill nun einmal kostet. Da ist das kleine, handliche, denkbar preiswerte Spiritusgerät ein guter Einstieg.

Einfaches Räuchergerät mit Spiritusflamme (Fischzucht Volkstorf).

Das Bild zeigt 2 Räuchergeräte von der Firma Dittmann in Hamburg. Die Räucherkammer normal (65×25 cm) kostet 250,– DM und die Räucherkammer mit Aufsatz für Aale (90×25 cm) 290,– DM.

Dabei müssen Sie gut überlegen, wieviel Sie auf einmal räuchern wollen. Wer sich mit 2 Fischen bei einem Räuchervorgang begnügt, der kommt mit dem Spirituskleingerät aus. Für jemanden mit größerem Appetit (oder einer größeren Familie) ist das ein bißchen spärlich. Ganz abgesehen davon, daß Sie auch Gäste haben können.

Wenn Sie davon ausgehen, daß Sie beispielsweise 4–6 Fische oder eine ähnliche Anzahl Steaks oder Würste auf einmal räuchern möchten, dann sind Sie beim kleinsten Elektrogerät gut aufgehoben. Das bedeutet also eine Investition zwischen 200,– und 250,– DM.

Selbstverständlich gibt es auch größere Geräte, sowohl für Spiritus oder Gas als auch für Elektrizität. Wer sich das leisten kann und will, hat eine gute Auswahl. Beispielsweise gibt es für Liebhaber geräucherter Aale Räucheröfen, die in die Höhe gehen, so daß die Aale (oder andere Fische) senkrecht aufgehängt werden.

Ob Sie sich nun für die offene Flamme oder die Elektrizität entscheiden, Sie können davon ausgehen, daß ein Räuchergerät im Prinzip immer aus 4 Teilen besteht:

dem *Gehäuse,* das in der Form sehr unterschiedlich sein kann (kasten- oder tonnenförmig);

dem *Behälter,* in dem das Räuchermehl schwelen soll, also eine flache Blechschale, oben offen;

dem *Rost,* auf dem das Räuchergut liegt, oder den *Stäben,* an denen es senkrecht aufgehängt wird;

und einer *Schale,* in die das austretende Fett tröpfeln kann und die daher auch *Fettauffangschale* genannt wird.

Selbstverständlich hat es auf die Qualität des Räucherns keinen Einfluß, ob das Gehäuse Ihres Geräts aus schlichtem Stahlblech oder aus Nirosta gefertigt ist. Allerdings macht es sich einmal im Preis, zum anderen in der Haltbarkeit bemerkbar. Berücksichtigen Sie dabei, wie trocken oder feucht Ihr Räuchergerät aufbewahrt wird, wenn es nicht in Gebrauch ist.

Wenn Sie Ihr Räuchergerät aufgestellt haben, werden Ihnen ein paar Hilfsgegenstände nützlich sein, die Sie zweckmäßigerweise bereithalten.

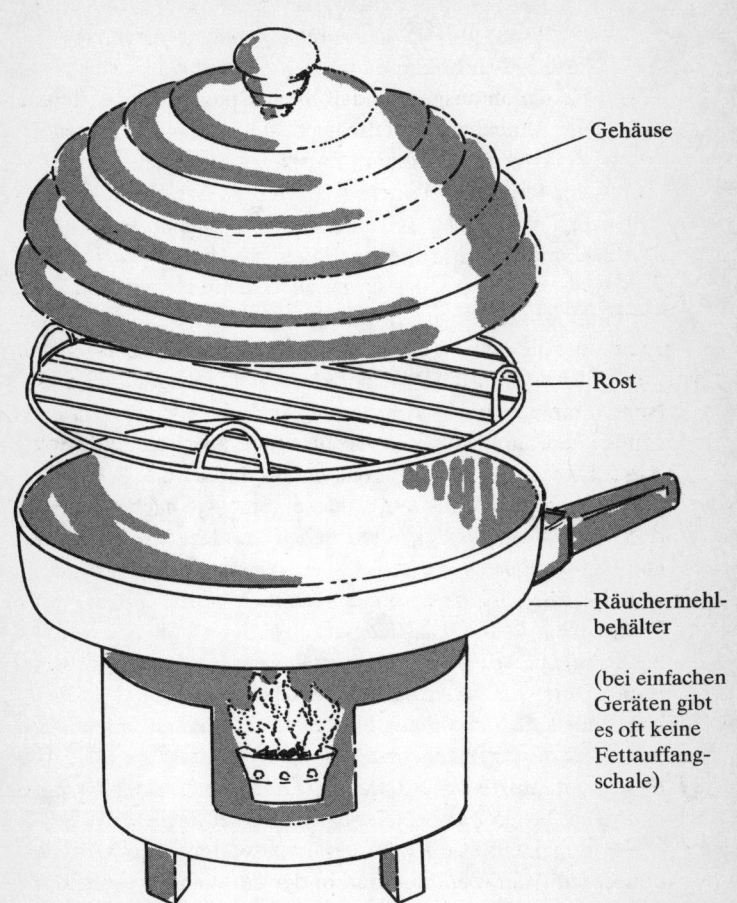

Gehäuse

Rost

Räuchermehl-
behälter

(bei einfachen
Geräten gibt
es oft keine
Fettauffang-
schale)

21

Grillzange und *Fleischwender,* die Sie sicher ohnehin in Ihrer Küche haben, helfen Ihnen, die Räucherwaren auf dem Rost zu bewegen. Nicht in jedem Haushalt aber befinden sich *Thermohandschuhe,* die das Hantieren mit dem heißen Grillrost und das Hineinfassen ins Räuchergerät erheblich erleichtern. Wer sich das erste Mal dabei die Finger verbrannt hat, wird künftig nicht mehr darauf verzichten. Und um in das manchmal dunkle Innere des Räuchergeräts hineinschauen zu können, sollten Sie eine *Taschenlampe* griffbereit halten.

Daß beim Räuchern Rauch erzeugt wird, ist eigentlich eine Selbstverständlichkeit. So ist es auch klar, daß er irgendwohin abziehen muß. Wenn Sie im Freien räuchern, macht Ihnen dieses Problem wenig Kopfzerbrechen. Anders sieht es in mehr oder minder geschlossenen Räumen (Laube oder Gartenhäuschen) aus. Sie müssen damit rechnen, daß der Rauch – je nach Dauer und Intensität – auch aus einem Keller oder einem Nebenraum bis in die Wohnräume vordringen kann. Wer über genügend Räumlichkeiten verfügt, wird sich irgendwo ins Abseits verziehen. Sonst denken Sie daran, das Fenster zu öffnen oder auch an Ihrem Räuchergerät – je nach Konstruktion – einen Rauchabzug mit Schlauch oder Rauchrohr vorzusehen. In der Küche zu räuchern, ist meistens keine gute Idee. Tun Sie das der Hausfrau nicht an!

Bringen Sie, sobald das Räuchern beendet ist, die noch schwelende (und weiterhin Rauch erzeugende) Rauchpfanne ins Freie (Garten, Balkon), damit sie dort ausglimmt. Die übrigbleibende Holzasche stellt übrigens einen vorzüglichen Dünger für Blumen und Pflanzen dar.

Falls die Hausfrau selbst räuchern möchte, bedeckt sie ihre Haare am besten mit einem Kopftuch oder ähnlichem. Haare nehmen nämlich den Rauchgeruch besonders bereitwillig an, und es gibt nur wenige Damen, die es schätzen, mit einem Raucharoma um den Kopf Kunde von ihrem Hobby zu geben. Ähnliches gilt auch, wenn Sie Gäste haben: Räuchern Sie mit Overall oder Arbeitskleidung, und werfen Sie sich erst in Ihre Festgewänder, wenn das Räuchern beendet ist. Ihre Gäste schätzen zwar geräucherte Fische oder Fleischstücke, aber weniger geräuchert duftende Gastgeber. Auch dies ist wohl ein Grund, daß viele Räucherfans Garten und freie Natur für die Räucherparty vorziehen.

Wir schildern das bewußt ein wenig drastisch, damit Sie sich nicht die Illusion machen, man könne sozusagen geruchlos räuchern. Das alte Sprichwort, daß es beim Hobeln nicht ohne Späne abgeht, läßt sich abwandeln: Wo geräuchert wird, steigt Rauch auf. Aber da gerade dieser Rauch das erwünschte köstliche Aroma bewirkt, darf er uns nicht ganz unwillkommen sein.

Wie Sie den richtigen Geschmack bekommen

Falls Sie bisher möglicherweise gemeint haben, es genüge, im Räuchergerät irgendeinen Rauch zu erzeugen und Fische, Fleischstücke oder was immer einfach kürzere oder längere Zeit in diesen Rauch zu legen oder zu hängen, dann müssen wir Sie enttäuschen.

Auch das Räuchern, so selbstverständlich es im Prinzip ist, muß nach bestimmten Methoden erfolgen und läßt sich vielfach abwandeln. Es kommt dabei darauf an, das Räuchergut – also Fische, Fleisch oder andere Nahrungsmittel – auf verschiedene Weise für den Räuchervorgang vorzubereiten und danach die Art Rauch zu erzeugen, die das beste Aroma hervorruft. So einfach klingt das. Aber Sie müssen wissen, worauf es dabei ankommt.

Pökeln – ja und nein

Wer sich einmal mit einem Fleischer über das Räuchern unterhält, wird dabei hören, daß dieser das Schweinefleisch oder das fette Rindfleisch zunächst einmal pökelt. Gepökelt wird mit Hilfe von Salz in verschiedener Form. Allerdings dient es in erster Linie zum Haltbarmachen von Dauerwaren.

Dabei erfolgt das Pökeln nach dem chemischen Prinzip der Osmose. Legen Sie nämlich ein Stück Fleisch in eine salzige Lake, so bewirkt der Druckunterschied einen Austausch zwischen dieser Salzlake und dem Zellwasser des Fleisches. Den Fleischzellen wird Wasser entzogen und durch Salz ersetzt. Was weniger Wasser enthält, wird trockener. Das ist notwendig, um Fleisch länger haltbar zu machen.

Sie können getrost auch Fleisch pökeln, das Sie nach dem Räuchern in Flüssigkeit – etwa in einem Eintopf – garen wollen. Geht es Ihnen aber darum, ein zartes, mageres Steak zur Geschmacksverbesserung zu räuchern, dann ist das Pökeln nicht angebracht. Sie salzen nicht vorher mit der Pökellake, sondern fügen erst hinterher, wenn das Fleisch gegrillt und geräuchert ist, Salz zu.

Wenn beim Pökeln von *Lake* (also *Salzlake*) die Rede ist, dann handelt es sich um das sogenannte Naßpökeln. Es ist aber auch möglich, trocken zu pökeln, indem das Fleisch ohne Wasser eingesalzen wird. Aber das ist für Sie als Hobbyräucherer nicht wichtig.

Fische mit ihrem hohen Wassergehalt können vor dem Räuchern in eine Salzlake gelegt werden, womit zwei Absichten erreicht werden: Der Fisch wird entwässert und damit fester im Fleisch, und er erhält durch das Salz einen kräftigeren Geschmack. Daß er dabei auch haltbarer wird, spielt wiederum für Sie keine Rolle.

Pökelmittel können Sie auch vom Händler beziehen, u. a. von der Firma Kahler in Berlin (siehe Seite 139).

Salzlake vor dem Räuchern

Sie sollten davon ausgehen, daß Ihr frisch geangelter oder gekaufter Fisch nicht sofort geräuchert wird, sondern daß er vorher eine Zeitlang – man rechnet im Durchschnitt mit 6 Stunden – in eine Salzlake gelegt wird.

Diese Lake besteht aus einer *gesättigten Kochsalzlösung*. Darunter versteht man eine Salzwasserkonzentration, bei der die Flüssigkeit alles Salz eben noch auflösen kann. Mehr Salz hinzuzufügen, würde lediglich einen Bodensatz aus nicht lösbarem Salz ergeben.

Daraus ergibt sich die ideale Konzentration der Lake bei 1 Liter Wasser und 50 g gewöhnlichem Kochsalz. Sie ergänzen diese

Salzlake noch durch 1 Teelöffel Zucker und den Saft von ½ Zitrone; anstelle der Zitrone können Sie auch 2 Eßlöffel Essig nehmen. Diese Mengen gelten jeweils für 1 l Wasser. Dabei müssen Sie – je nach Fischmenge, die Sie in die Lake legen – darauf achten, daß die Fische (oder das Fischfilet) ohne Druck und voll bedeckt in der Lösung liegen.

Zusätzliche Geschmackseffekte können Sie erzielen, indem Sie die Salzlake noch mit Gewürzzutaten anreichern. Hier geht Ausprobieren über Anweisungen. Als Anhaltspunkte, die Sie beliebig abwandeln können, nennen wir Ihnen ein paar Möglichkeiten, wobei auch hier von 1 Liter Flüssigkeit ausgegangen wird:

1 EL zerdrückte Wacholderbeeren
1 EL Sojasoße
1 EL edelsüßer Paprika
1 TL gemahlener Pfeffer
½ TL gebrochener Pfeffer oder zerdrückte Pfefferkörner
1 TL grüner (Madagaskar-)Pfeffer
2 zerbröselte Lorbeerblätter
2 Nelken
2 TL feingehackte Zwiebeln oder Kräuter
1 zerdrückte Knoblauchzehe oder entsprechend Knoblauchpulver, -granulat oder -salz

Nehmen Sie nicht alle Gewürzzutaten auf einmal, sondern einzeln oder das eine mit dem anderen kombiniert. Lassen Sie Ihren Geschmack und Ihre Phantasie sprechen!

Wenn es einmal ganz schnell gehen soll und Sie Ihre geräucherten Fische essen wollen, ohne erst das Liegen in der Lake abzuwarten, dann können Sie die Lake auch spritzen. Dabei gehen freilich die Meinungen auseinander, ob dadurch das Salz wirklich gut genug verteilt wird. Sicher ist wohl, daß die geschmackliche Ausgewogenheit, die durch das Liegen in der Lake entsteht, beim Spritzen nicht ganz erreicht wird.

In jedem Fall brauchen Sie dazu eine medizinische Spritze, die Sie in jeder Apotheke erhalten. Sie müssen auch eine Injektionsnadel kaufen, die eine nicht zu kleine Öffnung haben sollte, damit die Lake aus der Spritze leicht in den Fisch gelangen kann. Lassen Sie sich also vom Apotheker eine Nadel mittlerer Größe geben.

Sie bereiten eine Lake aus 1 l Wasser, 100 g Kochsalz, 15 g Zucker und beliebigen Gewürzen. Lassen Sie so lange aufkochen, bis sich das Salz aufgelöst hat. Wenn die Flüssigkeit abgekühlt ist, wird sie durch ein feines Sieb gegossen oder gefiltert.

Auch Nichtmediziner haben wohl schon gesehen, wie man mit einer Injektionsspritze umgeht: Die Kanüle auf die Spritze setzen, die Nadel in die Salzlake halten und den Kolben der Spritze zum Ansaugen hochziehen. Nun führen Sie die Kanüle an verschiedenen Stellen in Ihr Räuchergut ein und entleeren die Lake durch Druck auf den Kolben. Es ist nicht ganz leicht, das Gefühl für die richtige Menge zu bekommen. Sie werden merken, daß ein Teil der Lake wieder herausquillt. Jedenfalls trocknen Sie nach dem Spritzen den Fisch wieder gut ab und würzen vor dem Räuchern die Fischöffnung noch zusätzlich mit Salz und Pfeffer (Abb. S. 28).

Falls Ihnen das Spritzen zu umständlich ist, kann zur Not auch lediglich gewürzt und bald danach geräuchert werden. Eßbar werden die Fische auch damit allemal. Aber Sie werden beim Vergleich bald feststellen, daß die vorher in der Lake »gepökelten« Fische am würzigsten schmecken und das festere Fleisch haben.

Marinaden mit Phantasie

Sie wissen, daß für zarte Fleischstücke die Lake nicht günstig ist, weil das Fleisch zu trocken wird. Daher sollten Sie vor dem Räuchern von Fleisch einen ganz anderen Weg gehen, nämlich eine Marinade bereiten und das Fleisch damit aromatisieren. Eine solche Marinade, die gewöhnlich kein Salz enthält, setzt sich aus verschiedenen Zutaten zusammen, zu denen Zucker, Wein, Zwiebeln, Zitronensaft, Joghurt, Öl, Essig und verschiedene Gewürze gehören können.

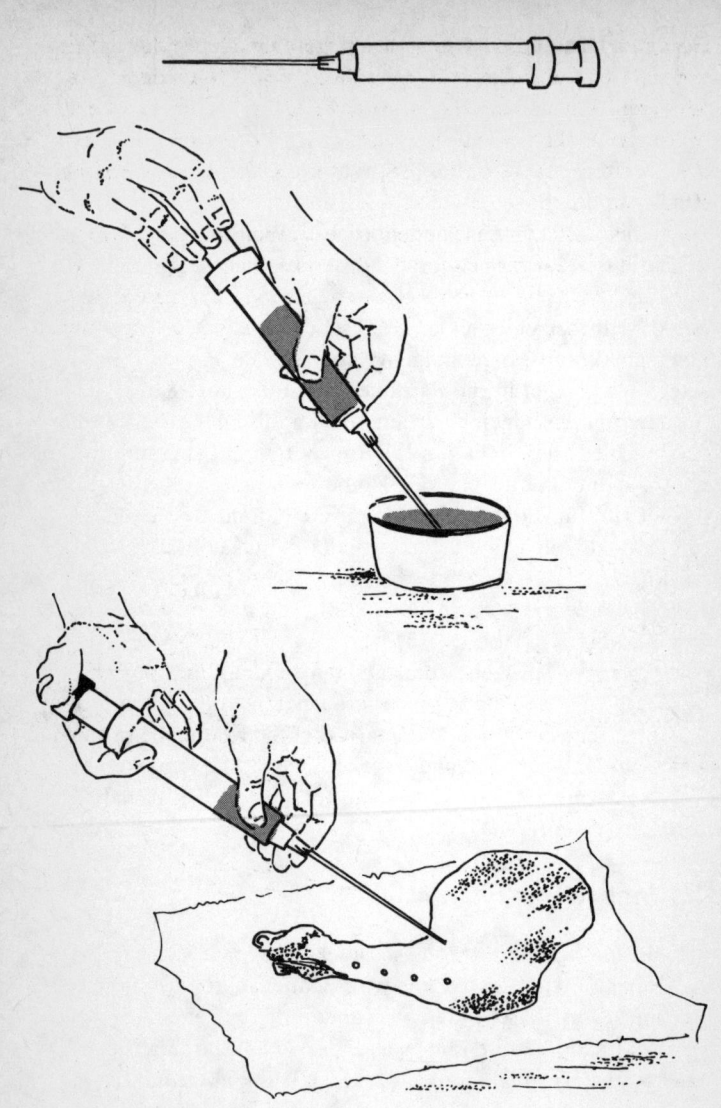

Einspritzen der Lake

Sie finden bei einer Anzahl von Rezepten solche Marinaden angegeben, die Sie selbstverständlich nach individuellem Geschmack auch abwandeln können. Dabei hat der in einer Marinade enthaltene Zitronensaft (oder Essig) die Funktion, die Fleischzellen zu schließen, während das Öl das Fleisch zarter macht.

Die geschmacklich verschiedenartige Verbindung der Marinade mit dem Räuchern garantiert Ihnen köstliche Eßerlebnisse. Wer etwa marinierte geräucherte Rumpsteaks gegessen hat, wie wir sie gern bereiten, der findet künftig die üblichen Rumpsteakzubereitungen eher etwas fade.

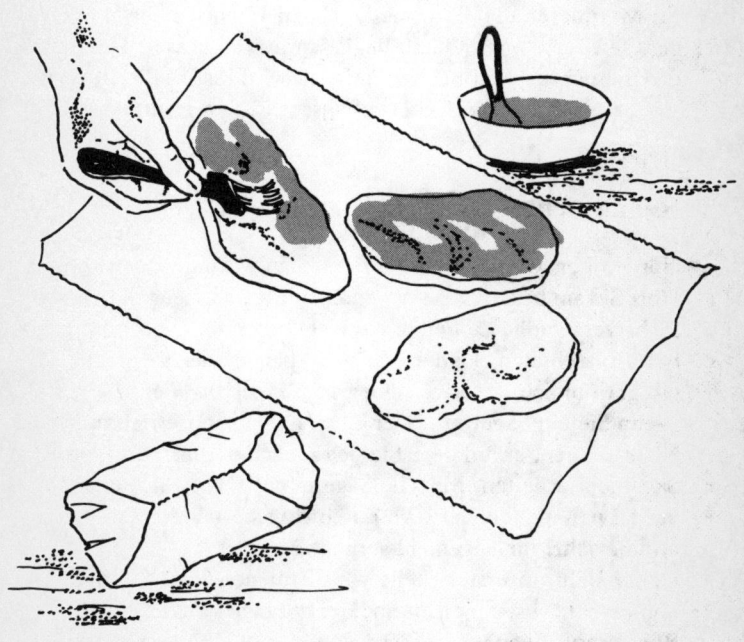

Marinieren

29

Die Praxis des Marinierens sieht so aus:

Sie rühren zunächst aus den verschiedenen Zutaten eine pastenartige, cremige Soße, mit der Sie das Fleisch intensiv bestreichen. Dann wickeln Sie es in Alufolie und legen es in den Kühlschrank. Die absolute Mindestzeit für das »Ruhen« im Kühlschrank liegt bei 2 Stunden. Es ist aber in jedem Fall besser, die Zeit auszudehnen. In einigen Rezepten haben wir beispielsweise auch 5 Stunden für das Marinieren vorgesehen.

Dabei dürfen Sie nicht vergessen, das durch die Marinade angefeuchtete Fleisch vor dem Räuchern gründlich mit Küchenkrepp trockenzutupfen und danach an der Luft gut nachtrocknen zu lassen. Es muß völlig trocken sein, wenn Sie es räuchern.

Dadurch müssen Sie überschlägig insgesamt mit 4–5 Stunden für Marinieren und Trocknen rechnen – lieber mehr als weniger. Je eher Sie also damit beginnen, um so besser. Das Salz, das Sie bei der Marinade vermissen, wird erst zuallerletzt auf das bereits fertig geräucherte Fleischstück gestreut.

Rauch richtig erzeugen

Nun wollen wir Ihnen die Frage beantworten, mit welchem Holz Sie am besten den notwendigen Rauch erzeugen können. Selbstverständlich arbeiten Sie nicht mit Kaminholz oder großen Holzscheiten, sondern mit Sägespänen oder Sägemehl, für die gewöhnlich der Sammelbegriff *Räuchermehl* gilt.

Wenn Sie ein Sägewerk oder einen ähnlichen Betrieb in Ihrer Nähe kennen, erkundigen Sie sich zunächst einmal dort, ob Sie Sägemehl erhalten. Manche Sägerei hat sich heute schon auf diesen neuen Nebenerwerb durch Räucherkunden eingestellt und bewahrt ihr Sägemehl sorgfältig auf.

Dabei steht an erster Stelle – und für den Räucheranfänger kommt zunächst gar nichts anderes in Frage – das Sägemehl aus Buchenholz, genauer gesagt von der Weißbuche oder der Hainbuche. Die Weißbuche wird bis zu 25 m hoch und ist durch die Härte ihres weißen Holzes besonders räuchergeeignet. Sie liefert das geschmacksfreundlichste und sozusagen neutralste Räucheraroma, gleich gut geeignet für Fleisch oder Fisch. Dieses Sägemehl muß ganz trocken sein, und auch die Katzen des Sägewerks sollten sich darin nicht erleichtert haben.

Aber Sie können selbstverständlich Räuchermehl beutelweise auch in Geschäften kaufen: in Läden für Anglerzubehör, in gut sortierten Warenhäusern, die eine leistungsfähige Freizeitabteilung haben, hier und da auch in Baustoff- oder Holzhandlungen. Ebenso können Sie sich bei der Firma erkundigen, die Ihnen Ihr Räuchergerät geliefert hat. Dabei wird man Ihnen sicher auch noch anderes Räuchermehl anbieten.

Was den Preis anbelangt, so hängt er entscheidend von der Menge ab, die Sie kaufen. So erhalten Sie beim Kauf eines halben Kilos verschiedene Räuchermehlmischungen bei der Firma »Fischzucht Volkstorf«, Postfach 2204, 2120 Lüneburg. Die Preise variieren je nach Art und Menge zwischen 1,50 DM und 6,25 DM für eine 250-g-Packung und zwischen 3,– DM und 12,50 DM für eine 500-g-Packung.

Wenn Sie sich für einige Zeit eindecken wollen (trocken lagern!!) und gleich 40 kg auf einmal kaufen, dann erhalten Sie das Räuchermehl schon zum Kilopreis von 2,50 DM bei der Firma Fischereibedarf Kronawitter, Industriegebiet 2, 8357 Wallersdorf.

Wenn wir Ihnen raten sollen, dann wäre es am Anfang besser, nur kleine Mengen – auch wenn sie teurer sind – zu kaufen und dafür verschiedene Sorten Räuchermehl auszuprobieren. Die bereits genannte Firma »Fischzucht Volkstorf« beispielsweise hat in ihrem Angebot rund ein Dutzend verschiedenartige Räuchermehle, darunter 2 Hausmischungen aus verschiedenen Hölzern sowie ein finnisches Räuchermehl.

Andere geeignete Hölzer sind neben der Weißbuche Eiche, Erle, Esche, Weide, Hickory und Wacholder aus getrocknetem Wildwacholder.

Darüber hinaus eignen sich auch Mehle von Ahorn, Kastanie oder Pappeln zum Räuchern. Die Birke ist umstritten; die einen empfehlen sie, andere weisen auf den starken Teergehalt des Holzes hin.

Damit Sie von Anfang an Freude am Aroma Ihrer Räucherwaren haben und die beste Räucherfarbe (denn das Auge ißt mit...) erzielen, empfehlen wir Ihnen das auch in einigen Rezepten vorgeschlagene *Spezialräuchermehl »ROT«*. Es stammt aus exotischen Hölzern und erzielt gleich mehrere wichtige Effekte: Auf das übliche Räuchermehl gestreut (siehe Gebrauchsanweisung auf der Packung) beschleunigt es den Räuchervorgang, es verbessert das Aroma des Rauchs und verleiht darüber hinaus den geräucherten Fisch- oder Fleischwaren die beliebte goldbraune Farbe. Sie können dieses Räucherpulver »ROT« von der Firma Kahler Gewürze, Germaniastraße 29/30, 1000 Berlin 42, direkt beziehen, wobei die kleinste Verpackungseinheit 6,5 kg beträgt. Dieses Räucherpulver ist nicht ganz billig (je kg 7,80 DM, hinzu kommen Mehrwertsteuer und Porto); aber es ist ergiebig und ausgezeichnet in der Wirkung. Sie können zum Ausprobieren zunächst eine Probe bestellen. Für das Räucherpulver spricht, daß es auch von gewerblichen Räucherbetrieben häufig bezogen wird.

Sie werden bald feststellen, wie verschiedenartig die Räuchereigenschaften der einzelnen Hölzer sind. Darüber hinaus können Sie das Räuchermehl noch mit Gewürzen ergänzen, die im glimmenden Holzmehl zusätzliche Geschmacksnuancen erzeugen. Wir verwenden beispielsweise gern Wacholderbeeren, Pfefferkörner, getrocknetes Rosmarin und Thymian, Oregano und gelegentlich auch Gewürzmischungen für Fisch oder Fleisch, die wir in die schwelende Glut streuen. Auch hier werden Sie im Verlauf Ihrer »Räucherlehre« bald feststellen, was Ihnen am ehesten zusagt.

Von der Größe der Räucherschale Ihres Geräts hängt es ab, wieviel Räuchermehl Sie jeweils brauchen. Füllen Sie es nicht bis zum Rand, sondern ungefähr in einer Höhe von etwa ½ Zentimeter. Bei einigen Rezepten haben wir – als Anhaltspunkt – eine ungefähre Menge angegeben, wie sie nach unserer Erfahrung für das kleine Elektroräuchergerät zutrifft.

Außer dem feinen Räuchermehl können Sie auch kleine Holzspäne benützen. Sie bringen freilich eine geringere Rauchentwicklung als das Räuchermehl, so daß Sie entweder länger räuchern müssen oder ein schwächeres Räucheraroma erhalten. Das könnte ein Hinweis sein, falls Ihnen das Raucharoma zu kräftig erscheint.

Auch hier – wie beim Räuchern insgesamt – müssen Sie davon ausgehen, daß Sie selbst Ihr eigener Räuchermeister sind und herausfinden können und müssen, wie Ihnen Ihr Geräuchertes am besten schmeckt.

So räuchern Sie richtig!

Eigentlich wissen Sie jetzt alles, was Sie für Ihre Räuchertätigkeit brauchen. Aber sobald es an die Praxis einzelner Rezepte geht, können trotzdem Schwierigkeiten auftauchen. Deshalb haben wir Ihnen eine Anzahl von Grundrezepten zusammengestellt, an denen Sie sich orientieren können.

Beispielsweise unterscheidet sich die Räucherpraxis für Forellen nur unwesentlich von der für Makrelen oder Heringe. So lassen sich die folgenden Beispiele für eine ganze Anzahl von Rezepten auswerten. Sie brauchen nur auf den entsprechenden Seitenhinweis zu achten.

Allerdings ergeben sich Abweichungen in der Räucherzeit, die ohnehin nur ein Annäherungswert sein kann, vor allem dann, wenn die Größenunterschiede des Räucherguts erheblich sind. Selbstverständlich braucht ein großer dicker Fisch zum Garen und Räuchern erheblich länger als ein kleines Fischchen. Ebenso ist ein dünnes Steak eher fertig geräuchert als eine Putenbrust. Auch werden Sie sich erinnern, daß die herrschende Temperatur, mit der das Räuchergut betrieben wird, nicht ohne Einfluß ist. Bei den elektrischen Geräten haben Sie den Vorzug, daß sich die Temperatur mit der Unterstützung durch einen Thermostat einfach kontrollieren und regeln läßt. Bei einfacheren Geräten sind Sie auf das Beobachten des Räuchermehls als Richtschnur angewiesen.

Heißt es in üblichen Kochbüchern manchmal, daß das Gericht nur gut gelingen kann, wenn Koch oder Köchin sich exakt an die Anweisungen halten, so sollten Sie beim Räuchern schon mitdenken. Wandeln Sie die Grundanweisung, wo es Ihnen notwendig erscheint, auf Ihre persönliche Situation hin ab.

Forellen räuchern

Die ausgenommenen Fische (was Ihnen beim Kauf im Fischgeschäft hoffentlich der Händler abnimmt) außen mit Salz abreiben, damit sich der Schleim löst, und unter fließendem kalten Wasser gründlich abwaschen. Ist ein Fisch so groß, daß er nicht ganz ins Räuchergerät paßt, kann er in Portionsstücke geteilt werden.

Nun die Fische in die Lake (siehe Seite 25) legen und darin so anordnen, daß sie lose liegen und ganz mit der Lake bedeckt sind. Etwa 7–8 Stunden an einem kühlen Ort marinieren lassen. Lieber länger als zu kurz marinieren.

Die Fische herausnehmen und mit Küchenkrepp rundum gründlich trockentupfen. Dann mit der Öffnung nach unten (anders als beim Räuchern!), damit alle Nässe abtropfen kann, auf den Rost des Räuchergrills legen und mehrere Stunden an der Luft weiter abtrocknen lassen. Je trockener der Fisch ist, um so besser bräunt er. Ein noch feuchter Fisch bleibt erheblich heller.

Bevor es ans Räuchern geht, die Fische vom Rost nehmen und innen noch einmal mit Salz und Pfeffer bestreuen, wobei gemahlener oder geschroteter Pfeffer verwendet werden kann. Nun den Rost einölen, damit sich die Fische nach dem Räuchern gut vom Rost heben lassen. Ohne Öl kleben sie am Rost fest, und beim Loslösen wird die Haut zerstört. Die Fische mit der Öffnung nach oben auf den geölten Rost legen; das Räuchergerät bleibt noch kalt.

Die Schale in einer Höhe von ½–1 cm mit Räuchermehl füllen, wobei sehr feines Räuchermehl weniger Raum einnimmt als etwas gröberes. Entweder je 50 g Buchen- und Wacholderräuchermehl oder je ein Drittel Buchen-, Erlen- und Wacholdermehl einfüllen und die Schale auf die unterste Leiste des Räuchergeräts schieben. Sie können auch spezielle Räuchermehlmischungen für Forellen benutzen. Geht es Ihnen jedoch mehr um die dunklere Farbe, ist das Selchschmokpulver zu empfehlen. Alle Würzmittel sind bei der Firma Kahler erhältlich.

Den Strom einschalten und den Thermostat auf 180 °C einstellen. Dabei die auf der Oberseite des Geräts befindliche Klappe – den *Wrasenschieber* – öffnen, damit der Rauch abziehen kann.

Die Fische über der Fettauffangschale auf der oberen Schiebeleiste in das noch kalte Räuchergerät schieben. Während es etwa 25–30 Minuten dauert, bis die Temperatur von 180 °C erreicht ist, können die Fische noch zusätzlich trocknen, und der dabei entstehende Wasserdampf zieht ab.

Bei einer Temperatur von etwa 160 °C (prüfen Sie den für Ihr Gerät geltenden Wert nach) beginnt das Räuchermehl zu glimmen. Damit setzt der eigentliche Räuchervorgang ein. Erst von diesem Zeitpunkt an kann die Räucherzeit gerechnet werden.

Zugleich ist jetzt der Zeitpunkt gekommen, möglicherweise das Räucherpulver »ROT« (siehe Seite 32) über das glimmende Räuchermehl zu schütten. Die Menge hängt von Ihrem persönlichen Geschmack ab. Ebenso können in das glimmende Räuchermehl getrocknete Kräuter, wie Thymian, Majoran oder Rosmarin, gestreut werden, die dem Rauch eine zusätzliche Geschmacksrichtung geben.

Die Räucherdauer beträgt für eine Forelle von etwa 400 g ungefähr 25–30 Minuten. Der Fisch ist gar, wenn man die Rückenflosse leicht herausziehen kann.

Die Räucherforelle schmeckt am besten, wenn sie noch warm serviert und gegessen wird.

Mild geräucherte Matjesheringe

Die ab Ende Mai am besten schmeckenden Matjesheringe sind zugleich die zartesten aller Heringe.

Für das Räuchern die Heringe ausnehmen (lassen), gut abwaschen und mindestens 12 Stunden wässern. Während dieser Zeit das Wasser mehrfach erneuern.

Die Heringe danach abspülen, mit Küchenkrepp sorgfältig abtrocknen und zusätzlich an der Luft noch weitertrocknen lassen. Den Rost mit Öl bestreichen und die Fische mit der Öffnung nach oben auf dem Rost verteilen.

Eine Mischung von 100 g Buchen- und 50 g Wacholdermehl in die Räucherschale geben und auf der untersten Schiene in das Räuchergerät schieben. Den Thermostat auf 180 °C einstellen und den Wrasenschieber schließen.

Sobald das Räuchermehl zu glimmen beginnt, 1 Eßlöffel Räucherpulver »ROT« über das glimmende Räuchermehl verteilen. Die Heringe über der Fettauffangschale auf der oberen Leiste in das Räuchergerät schieben. Den Wrasenschieber öffnen. Den Thermostat ausschalten und die Heringe 5 Minuten im Rauch liegen lassen. Danach herausnehmen und abkühlen lassen.

Scholle (Flunder)

Die ausgenommenen Schollen von je etwa 300 g werden nach dem gründlichen Waschen in Lake gelegt oder gespritzt, wie auf Seite 25 beschrieben.

Die Fische nach 6–8 Stunden aus der Lake nehmen, mit Küchenkrepp abtrocknen und trockentupfen und danach noch einige Stunden an der Luft weitertrocknen lassen.

Den Rost ölen und die Fische flach auf den umgedrehten Rost legen.

Die Räuchermehlschale mit je 50 g Buchenmehl, Erlenmehl und Wacholdermehl (oder lediglich 125–150 g Buchenmehl) auslegen und in die unterste Leiste des Räuchergeräts schieben. Den Thermostat auf 180 °C einstellen und den Wrasenschieber öffnen. Die Fische oberhalb der Fettauffangschale mit dem Rost auf die obere Leiste in das noch kalte Räuchergerät schieben. Wenn nach etwa 20 Minuten das Räuchermehl zu glimmen beginnt, 1 Eßlöffel Räucherpulver »ROT« darübergeben und 10–15 Minuten lang – vom Beginn des Glimmrauchs an – räuchern, so daß die Schollen eine zartgoldbraune Farbe erhalten.

Sie schmecken – warm wie kalt – gleich gut. Am begehrtesten und wohlschmeckendsten sind die Schollen im Mai.

Karpfen

Den ausgenommenen Karpfen der Länge nach teilen. Besonders große Fische werden in Querstücke geteilt. Den Fisch außen mit Salz abreiben und unter fließendem kalten Wasser gründlich abwaschen.

Den Fisch in die Lake legen und 6–8 Stunden darin liegen lassen. Nach dem Herausnehmen abtrocknen und danach an der Luft gut weitertrocknen lassen.

Die Innenseite des Fisches vor dem Räuchern nochmals mit Salz und Pfeffer einreiben. Freunde eines kräftigeren Geschmacks verwenden dazu Kräuter-, Knoblauch- oder Zwiebelsalz.

Den Karpfen mit der geöffneten Seite nach oben auf den geölten umgedrehten Rost legen und je nach Größe des Fisches zwischen 30 und 40 Minuten – vom Beginn des Glimmens ab – räuchern. Im übrigen gelten die gleichen Vorschriften wie für die Forellen.

Räucheraal

Entgegen der weitverbreiteten Neigung, nach möglichst dicken Aalen Ausschau zu halten, wissen Kenner, daß kleine Aale sich nicht nur besser räuchern lassen, sondern auch am besten schmecken. Das trifft insbesondere auf Aale zu.

Für den Aal gilt eine eigene Räuchertechnik des Heiß-Naß-Räucherns. Wer vorzugsweise Aale räuchern will, sollte sich ein Räuchergerät anschaffen, das es ermöglicht, den Aal hängend zu räuchern, so daß eine Tonnenform des Geräts besonders günstig ist. Jedoch läßt sich Aal ohne alle Probleme auch auf einem Rost räuchern und schmeckt nicht weniger gut.

Den ausgenommenen Aal zunächst mit Salz abreiben, um ihn gründlich von dem anhaftenden Schleim zu befreien. Kalt abwaschen und in die Lake legen; Pfeffer sollte zugesetzt werden, um den Geschmack herzhafter zu machen. In der Lake sollte der Aal mindestens 6, besser 8 Stunden liegen.

Das Räuchergerät mit einer nicht zu kleinen Menge von 50 % Buchenmehl und je 25 % Erlen- und Wacholdermehl füllen. Das von der Firma Fischzucht Volkstorf angebotene Spezialmehl »Rökermischung« ist gleichfalls empfehlenswert.

Der Räuchervorgang beginnt damit, daß bei geschlossenem Wrasenschieber der Thermostat auf 200 °C eingestellt wird. Wenn das Räuchermehl anfängt zu glimmen, 1 Eßlöffel Räucherpulver »ROT« darüberstreuen. Sobald auch das Räuchermehl gut glimmt, den Thermostat auf 100 °C herunterstellen. Bei einer größeren Fischmenge die Temperatur nur allmählich erst auf 150, dann auf 100 °C reduzieren.

Sobald der Räuchervorgang gut abläuft, den Aal aus der Lake nehmen, mit warmem Wasser abspülen und mit der Öffnung nach oben auf den vorher eingeölten Rost legen.

Den Rost auf der oberen Leiste über der Fettauffangschale in das Räuchergerät schieben und den Wrasenschieber zur Hälfte öffnen. Die Räucherzeit beträgt bei einem Fischgewicht von 200–350 g zwischen 60 und 90 Minuten.

Um festzustellen, ob der Aal in seinem Fleisch weiß und nicht mehr glasig ist, schneidet man neben dem Rückgrat leicht ein.

Schweinskotelett

Dieses Rezept gilt auch für Schweineschnitzel oder Schweinenacken.

4 Schweinskoteletts (je 150 g)
Für die Marinade:
Saft von ½ Zitrone oder 2 EL Kräuteressig
3 EL Öl
3 EL Tomatenketchup
2 TL gemahlener Kümmel oder Rosmarin
1–2 Knoblauchzehen nach Geschmack
Öl zum Einfetten des Rostes
Salz
schwarzer Pfeffer aus der Mühle

Die eventuell vorhandenen Fettränder des Koteletts senkrecht einkerben. Das Fleisch kalt waschen und mit Küchenkrepp trockentupfen.

Den Zitronensaft (oder Essig) mit Öl und Tomatenketchup zu einer sämigen Soße verrühren, den Kümmel oder das Rosmarin hinzufügen.

Besonders herzhaft werden die Koteletts, wenn sie rundherum mit der geschälten, halbierten Knoblauchzehe eingerieben werden. Danach gut mit der Marinade bestreichen.

Die Koteletts aufeinanderlegen, in Alufolie wickeln und einige (mindestens 2) Stunden im Kühlschrank marinieren lassen.

Die herausgenommenen Koteletts abwischen, mit Küchenkrepp gründlich trockentupfen und an der Luft nachtrocknen lassen.

Auf die Räuchermehlschale des Räuchergeräts 150 g Buchenmehl verteilen und zusätzlich 1 Eßlöffel getrocknete Kräuter – wie für die Marinade verwendet – darüberstreuen.

Die Schale auf die unterste Leiste des Räuchergeräts schieben. Den Thermostat auf 200 °C einstellen und den Wrasenschieber schließen. Wenn das Räuchermehl zu glimmen beginnt, 1 Eßlöffel Räucherpulver »ROT« auf das Räucherholz streuen.

Die Koteletts auf den umgedrehten, geölten Rost legen und

oberhalb der Fettauffangschale in die oberste Leiste schieben.
Den Wrasenschieber öffnen. 20 Minuten lang räuchern.
Die heißen Koteletts mit Salz und Pfeffer überstreuen.

Ochsenschwanz

Den vom Fleischer in Stücke gehackten Ochsenschwanz kalt
abwaschen und von überflüssigem Fett befreien. Mit Küchenkrepp trockentupfen und auf dem Räucherrost mindestens
2 Stunden an der Luft abtrocknen lassen.
Auf der Schale des Räuchergeräts 150 g Buchenmehl ausstreu-
en und auf die unterste Leiste des Räuchergeräts schieben. Den
Thermostat auf 200 °C einstellen und den Wrasenschieber
geschlossen halten.
Wenn das Räuchermehl zu glimmen beginnt, 1 Eßlöffel Räucherpulver »ROT« darüberstreuen. Den Ochsenschwanz auf
dem geölten Rost oberhalb der Fettpfanne in das Räuchergerät
schieben und den Wrasenschieber öffnen. 20 Minuten lang
räuchern.
Der Ochsenschwanz erhält dabei eine herrlich braune Farbe
und einen zarten Rauchgeschmack. Da er noch nicht gar ist,
muß er anschließend – je nach Rezept – gegart werden.

Ochsenbein

Dieses Rezept gilt für 1 Scheibe Ochsenbeinfleisch, etwa 4 cm
dick und mit einem Gewicht von etwa 500 g.
Das Fleisch kalt abwaschen, mit Küchenkrepp trockentupfen
und an der Luft etwa 2 Stunden nachtrocknen lassen.
Den umgedrehten Rost des Räuchergeräts mit Öl bestreichen
und das Ochsenbein darauflegen.
Auf die Schale des Räuchergeräts 150 g Buchenmehl verteilen
und – nach Geschmack – 1 Eßlöffel Rosmarin oder Thymian
darüberstreuen.
Die Schale auf der untersten Schiene ins Räuchergerät schie-

ben. Den Thermostat auf 200 °C einstellen und den Wrasen-schieber öffnen.

Den Rost mit dem Fleisch über der Fettpfanne in das noch kalte Räuchergerät schieben.

Wenn das Räuchermehl zu glimmen beginnt, 1 Eßlöffel Räu-cherpulver »ROT« daraufstreuen und das Fleisch 40 Minuten lang räuchern.

Dabei färbt sich das Beinfleisch dunkelrot und erhält einen delikaten, unaufdringlichen Rauchgeschmack. Da das Fleisch jedoch nicht gar ist, muß es – je nach Rezept – noch gekocht werden. Dabei kann der auf die Fettschale getropfte Fleischsaft mitverwendet werden.

Bratwürste

Die trockenen, ungebrühten Bratwürste auf den geölten Rost des Räuchergeräts legen.

Auf die Schale des Räuchergeräts 150 g Buchenmehl verteilen. Den Thermostat auf 200 °C stellen und den Wrasenschieber geschlossen halten. Wenn das Räuchermehl zu glimmen be-ginnt, 1 Eßlöffel Räucherpulver »ROT« darüberstreuen.

Nun die Bratwürste oberhalb der Fettauffangschale in das Räuchergerät schieben und den Wrasenschieber öffnen.

Die Würste werden etwa 10 Minuten geräuchert. Sie erhalten eine appetitlich wirkende braune Farbe und lassen sich heiß oder kalt verzehren.

Geflügel

Da das Brustfleisch des Geflügels am zartesten ist, eignet es sich am besten zum Räuchern. Aber auch Hähnchenkeulen lassen sich gut räuchern. Am besten ist es, Hähnchen, Ententeile und Brust von Babyputen zu räuchern. Eine größere Putenbrust müßte in Alufolie vorgegart werden und wird beim Räuchern leicht trocken.

Das Brustfleisch sollte vor dem Räuchern nicht vom Knochen gelöst werden, da es so am saftigsten bleibt. Auch sollte es vor dem Räuchern in eine Marinade eingelegt werden. Dafür 2 Vorschläge, die für alle Geflügelarten geeignet sind:

Marinade 1:
⅛ l Weißwein
2 EL Tomatenketchup
1 TL Chilipulver
1 geriebene Zwiebel

Marinade 2:
4 EL Speiseöl
4 EL Madeirawein
1 EL getrocknete Provencekräuter
1 TL Knoblauchpulver

Das kalt gewaschene und mit Küchenkrepp trockengetupfte Geflügelfleisch rundherum mit der Marinade einreiben und mindestens 5 Stunden – in Alufolie eingewickelt – im Kühlschrank marinieren lassen. Eine Putenbrust sollte sogar die Nacht über marinieren.

Das fertig marinierte Geflügelteil mit Küchenkrepp abreiben und trockentupfen und an der Luft nachtrocknen lassen.

In die Schale des Räuchergeräts – je nach Größe und Räucherzeit – 150–250 g Buchenmehl füllen und diese auf die unterste Leiste des Räuchergeräts schieben. Den Thermostat auf 200 °C einstellen und den Wrasenschieber schließen. Sobald das Räuchermehl zu glimmen beginnt, 1 Eßlöffel Räucherpulver »ROT« darüberstreuen.

Die Geflügelbrust mit der offenen Seite nach oben auf den geölten, umgedrehten Rost legen und diesen über der Fettauffangschale in die obere Leiste des Räuchergeräts schieben.

Die Räucherdauer beträgt für Hähnchenbrust 25–30 Minuten; Enten- und Putenbrust erfordern – je nach Größe – weit länger, und zwar bis etwa 120 Minuten.

Nach dem Aufheizen den Thermostat auf 160 °C herunterschalten. Bei längerer Räucherdauer muß zusätzliches Räuchermehl nachgefüllt werden. Den Thermostat dafür erneut auf 200 °C stellen, damit das frische Räuchermehl gleichfalls zu glimmen beginnt.

Bei dickeren Fleischstücken ist eine kürzere Räucherzeit zu empfehlen. Längeres Heißräuchern ruft einen zu rußig wirkenden, beißenden Rauchgeschmack hervor. Das Fleisch muß in diesem Fall nachgegart werden, hat jedoch bereits einen zarten Räuchergeschmack.

Das fertig geräucherte, noch heiße Geflügelfleisch mit Salz und Pfeffer würzen.

Geräucherte Eier

Um Eier zu räuchern, müssen sie zunächst in Salzwasser hart gekocht werden. Danach mit kaltem Wasser gründlich abschrecken und die Schale abpellen. Es ist auch möglich, weiche oder pflaumenweiche Eier zu räuchern, aber dann besteht die Gefahr, daß sie nach dem Auspellen während des Auslegens und Räucherns ihre Form verlieren.

Auf die Räucherschale etwa 150 g Buchenmehl verteilen und die Schale auf die unterste Leiste des Räuchergeräts schieben. Die Temperatur des Thermostats auf etwa 175 °C einstellen und den Wrasenschieber geschlossen halten. Sobald das Räuchermehl zu glimmen beginnt, 1 Eßlöffel Räucherpulver »ROT« über das Buchenmehl streuen und den Wrasenschieber öffnen.

Die harten Eier auf den geölten Rost legen. Den Rost oberhalb der Fettauffangschale in die obere Leiste des Räuchergeräts schieben.

Die Eier – je nach Geschmack – etwa 10 Minuten lang räuchern. Sie garen nicht weiter und bekommen eine schöne gelbbraune Farbe und einen interessanten Rauchgeschmack, der je nach Räucherzeit stärker oder zarter ist.

Diese geräucherten Eier können warm oder kalt gegessen werden. Kalt bilden sie eine originelle Bereicherung einer kalten Platte oder eines kalten Büfetts.

Rezeptteil

Geräuchertes in die Suppe

Tomatensuppe

1 große Dose geschälte Tomaten
250 g geräucherte Hackfleischbällchen (ungefüllt, siehe Seite 73)
1 Becher Crème fraîche
Streuwürze
Salz
Rosenpaprika
3 hartgekochte Eier
2 EL feingehackte Petersilie

Die Tomaten in einen Topf geben und mit dem Handmixgerät pürieren.
Die geräucherten Hackfleischbällchen in Würfel schneiden, hinzugeben und die Crème fraîche darangießen. Die Suppe aufkochen und mit Streuwürze, Salz und Paprika recht würzig abschmecken.
Die hartgekochten Eier schälen und in Achtel schneiden. In die Suppe geben. Nach Belieben die Eier auch grob hacken und so dazugeben.
Die Suppe erneut erhitzen und vor dem Servieren mit Petersilie bestreuen.

Klare Ochsenschwanzsuppe

1 Bund Suppengrün (Möhre, Petersilienwurzel, Porree,
Sellerie)
¼ Paprikaschote
1 Zwiebel
1 EL Speiseöl
500 g geräucherter Ochsenschwanz (siehe Seite 41)
Salz
5 Pfefferkörner
1 Lorbeerblatt
⅛ l Weißwein (oder nach Geschmack trockener Sherry
oder Rotwein)

Das Suppengrün und die Paprikaschote putzen, waschen und
kleinschneiden. Die Zwiebel schälen und grob würfeln.
Das Öl erhitzen und darin das Gemüse anrösten und mit 1½ l
Wasser auffüllen.
Den geräucherten Ochsenschwanz, Salz, den Pfeffer und
das Lorbeerblatt hinzufügen. Im geschlossenen Topf etwa
1½ Stunden garen lassen.
Dann das weiche Fleisch aus der Suppe nehmen, vom Knochen
lösen und in gleichmäßig kleine Stückchen teilen.
Die Brühe durch ein Sieb gießen. Den Wein und die Fleisch-
stückchen hinzufügen, zusammen noch einmal kurz aufkochen
lassen und zuletzt abschmecken.

Russischer Borschtsch

250 g Rindfleisch (Suppenfleisch)
400 g geräuchertes Beinfleisch (Ochsenbein, siehe Seite 41)
Salz
5 Pimentkörner
1 Lorbeerblatt
1 Petersilienwurzel
2 Möhren

1 kleine Knolle rote Bete
1 Stange Porree
½ kleiner Weißkohlkopf
2 Zwiebeln
1 Knoblauchzehe
3 EL Schweineschmalz
1 EL Kräuteressig
2 EL Tomatenmark
¼ l saure Milch oder Joghurt
schwarzer Pfeffer aus der Mühle
Rosenpaprika
1 Becher saure Sahne
4 EL feingehackter Dill

Das Rindfleisch und das geräucherte Ochsenbein mit 1¾ l Wasser zusammen mit Salz, den Pimentkörnern und dem Lorbeerblatt zum Kochen bringen und 1 Stunde garen.

Das Fleisch aus der Brühe nehmen, vom Knochen lösen und in Würfel schneiden. Die Brühe durch ein Sieb gießen und zur Seite stellen.

Alle Gemüse einschließlich der Zwiebeln und der Knoblauchzehe putzen oder schälen und in Streifen schneiden. Jedoch von der Knolle rote Bete nur zwei Drittel verwenden! Die Knoblauchzehe zerdrücken.

Das Schmalz erhitzen und die Gemüse darin unter Rühren 10 Minuten anrösten. Den Essig und das Tomatenmark hinzufügen und mit der Fleischbrühe auffüllen.

Die Würfel des Rindfleischs dazugeben und alles noch einmal 30 Minuten garen.

Den Rest der roten Bete reiben und das Gemüsefleisch mit dem Saft unter Hinzufügen von saurer Milch oder Joghurt in die Suppe geben und damit aufkochen lassen. Mit Salz, Pfeffer und Paprika abschmecken.

Bevor die Suppe serviert wird, auf jeden Teller einen Löffel saure Sahne geben und zuletzt die Suppe mit Dill überstreuen.

Kartoffelsuppe mit Räucherfisch

1 mittelgroße Zwiebel
2 Möhren
1 Stück Sellerieknolle
½ Stange Porree
1 Petersilienwurzel
2 EL Olivenöl
1 ¼ l Fleischbrühe (frisch oder aus Extrakt)
500 g Kartoffeln
500 g geräucherter Fisch (z. B. Bückling, Räuchermakrele oder geräucherter Heilbutt, siehe Seite 37)
Salz
weißer Pfeffer aus der Mühle
100 g Schinkenspeck
2 EL feingehackte Kräuter (Estragon, Kerbel, Petersilie)

Die Zwiebel schälen und fein hacken. Das Gemüse waschen. Die Möhren und die Sellerieknolle schälen und in feine Würfel schneiden. Den Porree und die Petersilienwurzel putzen und in dünne Scheiben schneiden.

Das Öl im Topf erhitzen, das Gemüse dazugeben und unter Rühren 5 Minuten anrösten. Mit der Fleischbrühe auffüllen und aufkochen lassen.

Die Kartoffeln schälen, waschen und in Würfel schneiden. In die kochende Brühe geben und alles zusammen etwa 20 Minuten garen.

Den Fisch von allen Gräten befreien, in Stücke zupfen und in die nicht mehr kochende Suppe geben.

Mit Salz und Pfeffer abschmecken.

Den Schinkenspeck in Würfel schneiden, in einer Pfanne kroß braten und gemeinsam mit den feingehackten Kräutern in die Suppe geben. Alles noch 5 Minuten ziehen lassen, ohne daß es wieder aufkocht.

Ungarische Fischsuppe

500 g Filet von Räucherfisch (siehe Seite 37)
1 Zwiebel
2 EL Butter
1 Knoblauchzehe
2 EL Tomatenmark
Rosenpaprika
1 l Fleischbrühe
3 Kartoffeln
2 Gewürzgurken
Salz
⅛ l Sahne
2 EL feingehackter Schnittlauch

Den Räucherfisch in mundgerechte Stückchen zupfen und die Gräten entfernen.

Die Zwiebel schälen, würfeln und in geschmolzener Butter zusammen mit einer geschälten und zerdrückten Knoblauchzehe hellgelb rösten. Das Tomatenmark hinzugeben und mit anschwitzen. Zuletzt den Paprika hinzufügen und mit der Fleischbrühe auffüllen.

Die geschälten und in kleine Würfel geschnittenen Kartoffeln dazugeben, ebenso die in Streifen geschnittenen Gurken und alles 10 Minuten kochen. Mit Salz und Sahne abschmecken.

Zuletzt den Fisch hineingeben und kurz auf kleiner Flamme ziehen lassen. Vor dem Servieren mit Schnittlauch überstreuen.

Suppe mit Räucheraal

1 Bund Suppengrün
1 Zwiebel
2 EL Speiseöl
1 Lorbeerblatt
10 Pfefferkörner
1 ½ l Fleischbrühe
500 g geräucherter Aal (siehe Seite 38)
2 EL Weizenmehl
1 EL gehackter Kerbel
1 EL gehackter Dill oder Petersilie
1 Eigelb
2 EL Sahne
Salz

Das Suppengrün putzen, waschen und kleinschneiden. Die
Zwiebel schälen und in Würfel schneiden und diese in 1 Eßlöffel heißem Öl anrösten. Das Lorbeerblatt und die Pfefferkörner dazugeben und mit der Fleischbrühe auffüllen.
Den Aal von der Haut befreien. Diese zusammen mit dem Kopf
zur Fleischbrühe geben und im geschlossenen Topf 10 Minuten
lang kochen lassen.
Das Aalfleisch hinzufügen und nun noch 5 Minuten ohne
Kochen ziehen lassen.
Das Fleisch mit einem Schaumlöffel aus dem Sud nehmen, in
3 cm lange Stücke schneiden und warm stellen. Den Fischsud
durch ein Sieb gießen.
Das Mehl in dem restlichen Öl hellgelb rösten. Mit der abge-
seihten Brühe ablöschen und 5 Minuten kochen lassen.
Die Kräuter hinzufügen und mit ihnen nochmals aufkochen
lassen. Den Topf vom Feuer nehmen.
Das Eigelb und die Sahne verquirlen, die Suppe damit binden
und nun nicht mehr kochen lassen.
Zuletzt die Aalstückchen dazugeben, mit Salz abschmecken
und servieren.

Karpfencremesuppe

½ geräucherter Karpfen (etwa 750 g, siehe Seite 38)
1 Lorbeerblatt
4 Pimentkörner
Salz
1 Bund Suppengrün (Möhre, Porree, Sellerie,
Petersilienwurzel)
2 EL Butter
2 EL Weizenmehl
⅛ l Sahne
1 Eigelb
½ Glas herber Weißwein
1 Prise Zucker
1 EL feingehackte Dillspitzen

Den nach Grundrezept geräucherten Karpfen von Haut, Kopf,
Schwanzflosse und Gräten befreien. Das Fischfleisch in kleine
Stückchen teilen und beiseite stellen.
Den etwa in der Fettpfanne des Räuchergeräts vorhandenen
Sud in einen Topf geben und mit 1¼ l Wasser auffüllen (ohne
Sud nur Wasser nehmen).
Die Karpfenreste, die Gewürze und das geputzte, gewaschene
und kleingeschnittene Suppengemüse hinzugeben. Aufkochen
und 10 Minuten lang garen lassen. Danach die Brühe durch ein
Sieb gießen.
Die Butter im Topf schmelzen lassen. Das Mehl hineinrühren
und eine helle Schwitze rühren. Mit der durchs Sieb gegebenen
Fischbrühe auffüllen und zusammen 5 Minuten köcheln lassen.
Den Topf vom Feuer nehmen.
Die Sahne und das Eigelb verquirlen und die Suppe damit
binden. Das Karpfenfleisch hineingeben, erhitzen, aber nicht
mehr kochen lassen. Zuletzt mit Wein, Zucker und Salz fein
abschmecken.
Vor dem Servieren den Dill lose über die Suppe streuen.

Muschelsuppe

2 Stangen Porree
2 Staudensellerie
1 Petersilienwurzel
1 mittelgroße Zwiebel
3 EL Butter
3 EL Weizenmehl
1 l Fleischbrühe (frisch oder aus Extrakt)
Salz
weißer Pfeffer aus der Mühle
400 g geräuchertes Muschelfleisch (siehe Seite 119)
⅛ l Sahne
1 TL edelsüßer Paprika

Das Suppengemüse putzen, waschen, kleinschneiden und in der zerlassenen heißen Butter andünsten.

Das Mehl darüberstäuben, kurz anrösten und mit der heißen Fleischbrühe ablöschen. Mit Salz und Pfeffer würzen und 10 Minuten köcheln lassen.

Die geräucherten Muscheln hineingeben und umrühren. Die Suppe am besten auf tiefen Tellern anrichten.

Die Sahne halbsteif schlagen und einen Klacks davon in jeden Teller geben. Die Sahne mit Paprika bestäuben.

Vorspeisen, die nach »mehr« schmecken

Räuchereiermayonnaise

8 geräucherte Eier (siehe Seite 44)
200 g Mayonnaise
2 EL Senf
Salz
weißer Pfeffer aus der Mühle
1–2 TL Zitronensaft
1 Prise Zucker

Die kalten Räuchereier kleinhacken.
Die Mayonnaise mit den Gewürzen verrühren und möglichst pikant abschmecken. Die zerkleinerten Eier darunterheben.
Das ist eine gute Beilage zu kaltem Fleisch oder Fisch.
Die Eiermayonnaise kann auch zu knusprigem Weißbrot gegessen werden und eignet sich als Vorspeise.

Räuchereier im Curryhemd

8 geräucherte Eier (siehe Seite 44)
⅛ l süße Sahne
1 EL Curry (oder nach Geschmack)
1 kleine Gewürzgurke
125 g gekochter Schinken
1 EL feingehackte Petersilie

Die abgekühlten Räuchereier der Länge nach halbieren und auf einer flachen Schale auslegen.

Die Sahne steif schlagen, je nach Geschmack mit dem Curry würzen und die feingehackte Gewürzgurke unterrühren. Die Masse über die Eier verteilen.

Den gekochten Schinken in Würfelchen schneiden und über die Sahnesoße streuen.

Zuletzt mit Petersilie garnieren.

Als Beilage nach Belieben Vollkornbrot oder Toast anbieten.

Gefüllte Räuchereier

Salamifüllung

4 geräucherte Eier (siehe Seite 44)
50 g feingewürfelte Salami
1 feingewürfelte Gewürzgurke
2 EL Mayonnaise
1 Prise Salz
4 gefüllte Oliven
8 Gurkenscheiben

Die Eier der Länge nach halbieren. Das Eigelb vorsichtig herausnehmen und den Dotter mit Salami- und Gewürzgurken-würfeln und der Mayonnaise verrühren. Nach Geschmack salzen.

Die Masse in die Eier füllen oder mit dem Spritzbeutel spritzen und mit je ½ Olive garnieren.
Jedes Ei auf eine Gurkenscheibe setzen und servieren.

Anschovisfüllung

4 geräucherte Eier (siehe Seite 44)
2 EL Mayonnaise
2 feingewiegte Anschovis
½ feingewürfelter Apfel
1 EL feingehackter Dill
ein wenig Kaviar (echt oder Surrogat)
Dillzweige

Die Eier der Länge nach halbieren. Das Eigelb vorsichtig herausheben und den Dotter mit der Mayonnaise, den Anschovis, dem Apfel und dem Dill verrühren.
Die Masse in die Eier füllen oder spritzen. Mit dem Kaviar garnieren und auf den Dillzweigen servieren.

Krabbenfüllung

4 geräucherte Eier (siehe Seite 44)
1 EL Sahnequark
1 EL Mayonnaise
1 TL Zitronensaft
Salz
schwarzer Pfeffer aus der Mühle
50 g feingewiegtes Krabbenfleisch
4 Blätter Kopfsalat

Die Eier der Länge nach halbieren. Das Eigelb vorsichtig herausheben und den Dotter mit dem Sahnequark, der Mayonnaise, dem Zitronensaft, den Gewürzen und den Krabben zu einer cremigen Masse verrühren. Die Masse in die Eier füllen oder spritzen und obendrauf je 1 Krabbe setzen. Zwei halbe Eier auf je einem Salatblatt servieren.

Kräuterfüllung

4 geräucherte Eier (siehe Seite 44)
1 EL Speiseöl
1 TL Zitronensaft
1 EL feingehackte Kräuter (Dill, Petersilie, Schnittlauch)
1 Prise Salz, 1 Prise schwarzer Pfeffer aus der Mühle
1 Strauß Petersilie
8 Tomatenscheiben

Die Eier der Länge nach halbieren und das Eigelb vorsichtig herausnehmen.
Den Dotter mit dem Öl, dem Zitronensaft, den Kräutern und den Gewürzen zu einer cremigen Masse verrühren. In die Eier füllen oder spritzen und die Masse mit Petersilie garnieren. Die Eihälften auf die Tomatenscheiben setzen und servieren.

Gefüllte Avocados

2 Avocados
Saft von ½ Zitrone
Salz
schwarzer Pfeffer aus der Mühle
1 geräucherte Hähnchenbrust (siehe Seite 42)
75 g Krabbenfleisch
100 g Mayonnaise
1 TL scharfer Senf
2 TL geriebener Meerrettich
1 EL Tomatenketchup
1 EL geschlagene Sahne
1 EL Sherry

Die Avocados waschen, abtrocknen und der Länge nach halbieren. Dabei jeweils den Kern herausnehmen. Das Fleisch an der Schnittfläche und in der Höhlung mit dem Zitronensaft beträufeln und leicht mit Salz und Pfeffer bestäuben.

Die Hähnchenbrust in feine Streifen schneiden und mit dem Krabbenfleisch mischen, wobei einige Krabben als Garnitur zurückbleiben.

Die Mayonnaise mit dem Senf, dem Meerrettich, dem Tomatenketchup, der Sahne und dem Sherry verrühren und mit Salz und Pfeffer abschmecken.

Das Hähnchenfleisch und die Krabben mit der Mayonnaise vermischen. Die Avocados damit füllen und den verbleibenden Rest um die Avocadohälften verteilen.

Zuletzt mit einigen Krabben garnieren.

Pastetchen mit Muscheln

3 EL Butter oder Margarine
2 EL Weizenmehl
⅛ l Fleischbrühe
⅛ l Sahne
4 EL Weißwein
1 Eigelb
1 EL Zitronensaft
Salz
1 Prise Zucker
schwarzer Pfeffer aus der Mühle
einige Tropfen Worcestersoße
200 g geräuchertes Muschelfleisch (siehe Seite 119)
4 gekaufte Blätterteigpastetchen

Das Fett im Topf schmelzen lassen, das Mehl hineinrühren und hell anschwitzen. Mit der Fleischbrühe ablöschen.

Unter Rühren die Sahne hinzufügen und durchkochen lassen, so daß eine dicke, cremige Soße entsteht. Den Weißwein und das Eigelb verrühren und die Soße damit binden. Nicht mehr kochen lassen.

Mit dem Zitronensaft und den Gewürzen pikant abschmecken. Zuletzt die Muscheln in die Soße geben und – ohne zu kochen – heiß werden lassen.

Die Pastetchen im Backofen knusprig aufbacken und die heiße Muschelfüllung hineingeben. Den Deckel jeweils daraufsetzen und servieren.

Tip:
Eine originelle und appetitliche Vorspeise, die auch als Zwischengericht geeignet ist oder von nur zwei Essern als Hauptgericht verzehrt werden kann. Wer besonders stilvoll sein will, serviert trockenen Weißwein oder 1 Glas Sekt dazu.

Muschelcocktail

4 Blätter Kopfsalat
400 g geräuchertes Muschelfleisch (siehe Seite 119)
Cocktailsoße:
150 g Mayonnaise
1 Becher Magerjoghurt
1 EL Tomatenketchup
Salz
weißer Pfeffer aus der Mühle
einige Tropfen Worcestersoße
1 TL Zitronensaft
1 EL Weinbrand (Cognac)
1 EL feingehackte Petersilie
Garnitur:
2 Tomaten
4 Scheiben Zitrone

Die Salatblätter waschen und abtropfen lassen und damit die Cocktailgläser auslegen. Die geräucherten Muscheln darauf verteilen.
Die Zutaten für die Soße verrühren und über die Muscheln geben.
Mit Tomatenecken und den Zitronenschnitzen verzieren.

Matjesnäpfchen

8 geräucherte Matjesfilets (siehe Seite 36)
6 Eier
2 EL gewürfelte Senfgurke
1 EL feingehackter Dill
1 EL feingehackte Petersilie
weißer Pfeffer aus der Mühle
1 Tomate
3 EL Butter oder Margarine

Die geräucherten Matjesfilets dicht zusammenrollen und jeweils 2 dieser Röllchen in ein feuerfestes, gefettetes Näpfchen setzen.

Die Eier mit den Senfgurkenwürfeln, dem Dill, der Petersilie und dem Pfeffer verquirlen und diese Masse in die Förmchen gießen. Die Oberfläche mit Tomatenschnitzeln belegen und die Butterflocken daraufsetzen.

Den Backofen des Elektroherdes auf 220 °C vorheizen (Heißluftherd 180 °C, Gasherd Stufe 4) und alles auf der 2. Schiebeleiste von oben 10–15 Minuten backen.

Die Näpfchen heiß servieren und dazu Toast und Butter reichen.

Forellencreme auf Tomaten

1 geräucherte Forelle (siehe Seite 35)
1 EL Butter
1 TL Senf
1 EL feingehackte Petersilie
1 EL feingehackter Dill
1 TL Zitronensaft
Salz
2–3 Fleischtomaten
1 Kopfsalat
Meerrettichsahne

Die Räucherforelle enthäuten, filieren und von allen Gräten befreien. Das Forellenfleisch mit einem Püriergerät zu Mus rühren.

Mit der Butter, dem Senf, den Kräutern und dem Zitronensaft verrühren und mit Salz abschmecken. Diese Masse in einen Spritzbeutel füllen.

Die Tomaten abwaschen und in dicke Scheiben schneiden. Jede Scheibe auf ein Salatblatt setzen und die Forellencreme mit dem Spritzbeutel auf die Tomaten verteilen. Zuletzt mit Tupfern von Meerrettichsahne verzieren.

Tip:
Diese Tomaten mit Forellencreme sind eine reizvolle Beilage für ein kaltes Büffet, eine kleine Vorspeise oder eine Zwischenmahlzeit. Dazu können Cracker oder Pumpernickelröllchen gereicht werden.

Forellenmousse

4 geräucherte Forellen (je etwa 400 g, siehe Seite 35)
¾ l Fleischbrühe (frisch oder aus Extrakt)
5 Pfefferkörner
2 Pimentkörner
1 Zwiebel
1 Möhre
1 Stange Porree
2 Becher Crème fraîche (je 150 g)
10 Blatt weiße Gelatine
Salz
weißer Pfeffer aus der Mühle
1 Glas Lachskaviar

Die geräucherten Forellen von der Haut befreien, filieren und die Gräten gut entfernen.

Drei Viertel der Fleischbrühe zusammen mit den Gewürzen, dem gewaschenen, geputzten und grob geschnittenen Gemüse, den Fischresten (Haut, Köpfe, Schwanzflossen) und dem eventuell vorhandenen Räuchersud 15 Minuten lang kochen.

Die Fischfleischbrühe durch ein Sieb geben und danach bis auf ¼ l einkochen lassen.

Die Forellenfilets mit einem Püriergerät zu Mus rühren und mit der Crème fraîche verbinden.

Die Gelatine in kaltem Wasser 3 Minuten einweichen und – bis auf 2 Blatt, die zurückbehalten werden – ausdrücken und in der heißen Brühe auflösen. Diese Flüssigkeit mit dem Fischmus verrühren und mit Salz und Pfeffer abschmecken.

Die beiden zurückgelegten Blatt Gelatine ausdrücken und im restlichen Viertel der Fleischbrühe, die erhitzt wird, auflösen.

Ein Drittel dieser Masse in eine längliche Form von etwa 1 l Inhalt gießen und zum Erstarren in den Kühlschrank stellen. Die anderen zwei Drittel der Masse ebenfalls kühl stellen.

Die Fischmousse in die längliche Form auf das inzwischen erstarrte Fleischgelee füllen und die Oberfläche glattstreichen. Nochmals gut durchkühlen und festigen lassen.

Vor dem Servieren die Form kurz in heißes Wasser tauchen, so daß sich die Mousse auf eine Platte stürzen läßt. Das restliche erstarrte Gelee in zierliche Würfel schneiden und zusammen mit dem Lachskaviar die Mousse appetitlich garnieren.

Tip:
Diese Forellenmousse kann auch für eine Vorspeise in kleinere Behälter gegossen werden und ist eine köstliche Delikatesse. Je nach Neigung werden dazu knuspriges Weißbrot oder derbes Vollkornbrot mit Butter gereicht.

Deftige Eintöpfe, leckere Aufläufe und Pizza

Linsentopf mit Ochsenschwanz

500 g Linsen
500 g geräucherter Ochsenschwanz (siehe Seite 41)
2 l Fleischbrühe (frisch oder aus Extrakt)
Salz
3 Möhren
1 Petersilienwurzel
2 Stangen Porree
1 Stück Sellerieknolle
500 g Kartoffeln
1 TL Thymian
Weinessig
Zucker

Die Linsen über Nacht in kaltem Wasser einweichen.
Danach zusammen mit dem in Stücke geschnittenen Ochsenschwanz und der Fleischbrühe zum Kochen bringen. Salzen und 1 Stunde lang garen.
Das weichgekochte Fleisch herausnehmen und das geputzte, gewaschene und kleingeschnittene Gemüse sowie die geschälten und in Würfel geschnittenen Kartoffeln dazugeben und nochmals 20 Minuten garen.
Das herausgenommene Fleisch von den Knochen lösen und in Würfel schneiden. Mit dem Thymian zur Suppe geben und individuell mit Salz, Weinessig und Zucker abschmecken und nochmals 5 Minuten schwach köcheln lassen.

Roter Bohnentopf

200 g Reis
Salz
3 EL Speiseöl
2 Möhren
1 Stange Porree
100 g Sellerieknolle
1 Zwiebel
500 g geräuchertes Beinfleisch
(Ochsenbein, siehe Seite 41)
1 große Dose geschälte Tomaten
1 kleine Dose rote Bohnen
1 TL gekörnte Brühe
1 TL Rosenpaprika
5 Tropfen Tabasco
2 EL feingehackte Petersilie

Den Reis kalt abspülen, in 1 l kochendes Salzwasser geben, 1 Eßlöffel Öl hinzufügen und den Reis 15 Minuten ausquellen lassen.

Auf ein Sieb schütten, mit kaltem Wasser überspülen und abtropfen lassen.

Die Möhren und den Porree putzen, waschen und in Scheiben schneiden. Den Sellerie und die Zwiebel schälen und in Würfel schneiden.

Das restliche Öl im Topf erhitzen. Das zerkleinerte Gemüse in das Öl geben und unter Rühren 5 Minuten andünsten.

Mit 1 l Wasser auffüllen, das Beinfleisch hinzugeben und 1 Stunde kochen.

Das gegarte Fleisch herausnehmen, auf einen Teller legen und abkühlen lassen.

Die geschälten Tomaten dem Gemüse zugeben und noch 5 Minuten mitkochen.

Das Fleisch vom Knochen lösen und in kleine Würfel schneiden. Zusammen mit den roten Bohnen wieder in die Suppe geben und den Reis hinzufügen.

Mit Salz, der gekörnten Brühe, dem Rosenpaprika und dem Tabasco nach Geschmack würzen und noch einmal kurz aufkochen lassen. Vor dem Servieren mit Petersilie überstreuen.

Porree-Möhren-Topf mit Schweinebauch

1 mittelgroße Zwiebel
50 g Margarine
750 g Porree
1 Fenchelknolle (etwa 250 g)
750 g Mohrrüben
600 g Kartoffeln
1 l Fleischbrühe
500 g geräucherter Schweinebauch (siehe Seite 78)
Selleriesalz
weißer Pfeffer aus der Mühle
2 EL feingehackte Petersilie

Die Zwiebel schälen und in Würfel schneiden.
Die Margarine zerlassen und die Zwiebelwürfel in der heißen Margarine leicht anbräunen.
Den Porree, den Fenchel und die Mohrrüben putzen und waschen. Den Porree in Stücke von 5 cm Länge, den Fenchel in Streifen und die Mohrrüben in Scheiben schneiden. Die Kartoffeln schälen und würfeln.
Alles zu den gebräunten Zwiebeln geben, kurz mit anrösten, mit der Fleischbrühe auffüllen und etwa 15 Minuten garen lassen.
Den geräucherten Schweinebauch in Würfel schneiden und in die Suppe geben. Mit Selleriesalz und Pfeffer abschmecken und noch 15 Minuten köcheln lassen.
Vor dem Anrichten mit feingehackter Petersilie überstreuen.

Kohlrübentopf mit geräuchertem Schweinebauch

Das Rezept reicht für 6–8 Personen oder zwei Mahlzeiten für 4 Personen.

1000 g geräucherter Schweinebauch (siehe Seite 78)
2 l Wasser
1 Lorbeerblatt
4 Pimentkörner
Salz
1000 g Kohl- oder Steckrüben
200 g Zwiebeln
500 g Kartoffeln
1 EL Schmalz
1 große Möhre
weißer Pfeffer aus der Mühle
2 EL feingehackte Petersilie

Den geräucherten Schweinebauch mit den Gewürzen in 2 l Wasser zum Kochen bringen und langsam 20 Minuten kochen lassen.
Das weiche Fleisch herausnehmen und die Brühe durch ein Sieb gießen.
Die geschälten und in Würfel geschnittenen Steckrüben, die geschälten und gewürfelten Zwiebeln und die geschälten und gleichfalls gewürfelten Kartoffeln in die Brühe geben und die Gemüse langsam weich kochen. Die Suppe mit dem Mixgerät pürieren, um sie sämig zu machen.
Den Schweinebauch in grobe Würfel schneiden. Das Schmalz in der Pfanne erhitzen und darin den Schweinebauch anrösten. Die Möhre putzen und raffeln und zusammen mit den Schweinebauchwürfeln in die Suppe geben. Nochmals aufkochen lassen, mit Salz und weißem Pfeffer abschmecken und zuletzt mit Petersilie überstreuen.
Tip:
Wer das Gericht verfeinern will, kann zuletzt noch Crème fraîche darangeben.

Auflauf von Räucherfisch und Sauerkraut

1 Paket Kartoffelpüree
¼ l Milch
Salz
30 g Butter
Fett zum Ausreiben der Auflaufform
500 g gedünstetes Sauerkraut
500 g Räucherfisch (siehe Seite 37)
2 Eier

Das Kartoffelpüree nach Vorschrift mit Milch, Salz und Butter bereiten und abkühlen lassen.

Die Hälfte des gedünsteten Sauerkrauts in eine gefettete Auflaufform geben. Darüber den filierten, entgräteten und in Stückchen gezupften Räucherfisch verteilen. Den Rest des Sauerkrauts darüberlegen.

Das erkaltete Kartoffelpüree mit den Eiern durchrühren, in einen Spritzbeutel füllen und zierlich auf das Sauerkraut spritzen.

Den Backofen des Elektroherdes auf 200 °C vorheizen (Heißluftherd 160 °C, Gasherd Stufe 4) und auf der 2. Schiebeleiste von oben 30 Minuten backen, so daß sich das Kartoffelpüree goldbraun färbt.

Fischauflauf Italia

Fett zum Ausreiben der Auflaufform
250 g gebrochene, vorgekochte Makkaroni
400 g Räucherfischfilet (siehe Seite 37)
½ l vorbereitete Tomatensoße (nach Belieben eigene Herstellung
oder aus der Dose)
3 EL Semmelmehl
125 g geriebener Parmesankäse
2 EL Butter
1 EL gehackte Petersilie

In eine gefettete Auflaufform abwechselnd die gekochten Makkaroni und die von allen Gräten befreiten und in mundgerechte Stücke geteilten Räucherfischfilets füllen.
Die Tomatensoße, soweit nötig, dick einkochen und kräftig würzen und über die Makkaroni und den Fisch gießen. Das Semmelmehl und den Parmesankäse darüberstreuen. Die Butter in Flöckchen darauf verteilen.
Den Backofen des Elektroherdes auf 200 °C vorheizen (Heißluftherd 160 °C, Gasherd Stufe 4) und den Auflauf auf der mittleren Schiebeleiste 30 Minuten überbacken.
Vor dem Servieren einen Petersilienrand um den Auflauf streuen. Dazu grünen Salat reichen.

Bücklings-Kartoffel-Auflauf

4 kleine oder 2 große Bücklinge (siehe Seite 96)
1 kg vorgekochte Kartoffeln (noch heiß!)
Fett zum Ausreiben einer Auflaufform
¼ l Buttermilch
¼ l Fleischbrühe
3 Eier
Salz
1 EL edelsüßer Paprika
4 EL Semmelmehl

2 EL geriebener Käse
1 EL Butter oder Margarine

Die Bücklinge filieren, von allen Gräten befreien und zerpflücken. Die noch heißen Kartoffeln pellen und in Scheiben schneiden.

Abwechselnd Bücklingsstückchen und Kartoffelscheiben in eine gutgefettete Auflaufform schichten.

Die Buttermilch, die Fleischbrühe, die Eier, Salz und den Paprika miteinander verquirlen und über die Kartoffel-Bückling-Masse gießen. Das Semmelmehl und den geriebenen Käse darüberstreuen und zuletzt das Fett in Flöckchen darauflegen.

Den Backofen des Elektroherdes auf 200 °C vorheizen (Heißluftherd 160 °C, Gasherd Stufe 4) und den Auflauf auf der 2. Schiebeleiste von oben in etwa 30 Minuten goldbraun backen. Mit frischem gemischten Salat servieren.

Gratinierter Bücklingsauflauf

250 g körniger (vorgekochter) Reis
500 g ausgelöste Bücklingsfilets
¼ l Currycremesoße (nach Vorschrift auf der Packung)
⅛ l saure Sahne
Salz
weißer Pfeffer aus der Mühle
2 EL Semmelmehl
125 g grob geraffelter Emmentaler Käse
2 EL Butter
4 hartgekochte Eier
2 EL feingehackte Petersilie

Den Reis in eine flache Auflaufform verteilen. Die entgräteten Bücklingsfilets in kleinen Stückchen darüber verteilen.

Nach der Vorschrift auf der Packung eine Currycremesoße zubereiten und danach mit saurer Sahne verrühren und mit Salz und Pfeffer abschmecken. Diese Soße über den Fisch gießen.

Alles mit dem Semmelmehl und dem Käse überstreuen und die Butter in Flöckchen daraufsetzen.

Den Backofen des Elektroherdes auf 200 °C vorheizen (Heißluftherd 160 °C, Gasherd Stufe 4) und den Auflauf auf der 2. Schiebeleiste von oben 25 Minuten backen.

Die harten Eier auspellen und grob hacken und damit den Auflauf vor dem Servieren überstreuen. Zuletzt feingehackte Petersilie über alles verteilen.

Pastete von Räucherfisch

1 Packung tiefgekühlter Blätterteig (300 g)
Weizenmehl zum Ausrollen
1 Tasse vorgegarter Langkornreis
1 Tasse gehackte Kräuter (wie Dill, Estragon, Kerbel, Petersilie)
750 g Fisch nach Ihrer Wahl (zum Räuchern siehe entsprechendes Grundrezept)
4 hartgekochte Eier
3 rohe Eier
2 Becher Crème fraîche
Salz, Saft von ½ Zitrone

Den aufgetauten Blätterteig auf einer bemehlten Arbeitsplatte etwa 3 mm dick ausrollen und eine Pastetenform damit auslegen. Jedoch ein Drittel des Teigs für die Decke zurücklegen. In die ausgelegte Form zuerst den Reis, dann die Hälfte der Kräuter und darüber den entgräteten, gehäuteten und zerpflückten Fisch geben.

Die hartgekochten Eier schälen, in dicke Scheiben schneiden und über den Fisch verteilen. Danach den Rest der Kräuter darüberstreuen.

2 Eier mit der Crème fraîche und etwas Salz verquirlen, über die Füllung gießen und leicht mit dem Zitronensaft beträufeln.

Die Teigdecke von dem restlichen Blätterteig darauf auslegen und die Ränder fest zusammendrücken. Die Oberfläche mit einem verquirlten Ei bestreichen und einige Löcher hineinbohren, damit der später entstehende Dampf entweichen kann. Den Backofen des Elektroherdes auf 175 °C vorheizen (Heißluftherd 140 °C, Gasherd Stufe 3) und auf der 2. Schiebeleiste von unten 1 Stunde backen.

Pizza »Neptun«

Pizzateig:
½ Würfel Preßhefe (20 g) oder 1 Päckchen Trockenhefe
⅛ l Milch
300 g Weizenmehl
¾ TL Salz
100 g Butter oder Margarine
Mehl zum Ausrollen
Fett zum Ausreiben des Backblechs
Belag:
4 EL Speiseöl
6 große Tomaten (zusammen etwa 600 g)
1 großer Räucherfisch oder 2 kleinere
(nach Belieben Forelle, Makrele, Scholle; siehe Seite 35 f.)
1 Becher saure Sahne
3 Eier
Salz, 1 EL edelsüßer Paprika
½ TL Cayennepfeffer
100 g geriebener Hartkäse
etwa 15 gefüllte Oliven

Für den Teig die Preßhefe in handwarmer Milch auflösen. (Bei Verwendung von Trockenhefe diese ohne Vorbereitung mit dem Mehl vermischen.) Die aufgelöste oder trockene Hefe mit Mehl, Salz und Fett zu einem geschmeidigen, weichen Teig kneten. An einem warmen Ort – jedoch nicht über 40 °C – zugedeckt gehen lassen.
Auf einer mit Mehl überstreuten Arbeitsplatte den Teig etwa ½ cm dick ausrollen und ein gefettetes Backblech oder 4 runde Pizzaformen von 20 cm Durchmesser damit auslegen.

Die Oberfläche des Teigs mit dem Öl überstreichen. Die Tomaten waschen, in Scheiben schneiden und gleichmäßig auf dem Teig verteilen.

Den Fisch filieren, von allen Gräten befreien, in kleine Stückchen zupfen und auf die Tomaten legen.

Die saure Sahne mit den Eiern verquirlen sowie mit Salz, Paprika und Cayennepfeffer würzen. Die Flüssigkeit über den Pizzabelag gießen. Den Käse darüberstreuen. Die Oliven halbieren und damit die Oberfläche garnieren. Zuletzt das restliche Öl tropfenweise über alles geben.

Den Backofen des Elektroherdes auf 200 °C vorheizen (Heißluftherd 160 °C, Gasherd Stufe 4) und die Pizza auf der 2. Schiebeleiste von oben etwa 30 Minuten so backen, daß der Teigrand noch hell bleibt. Wird er goldgelb bzw. bräunlich, wird der Teig hart, und der Belag trocknet aus.

Tip:
Zu dieser Pizza gehört unbedingt ein italienischer Rotwein, am besten ein trockener Chianti.

Geräucherte Fleischgerichte

Geräucherte gefüllte Hackfleischbällchen

500 g gemischtes Hackfleisch oder Rinderhack
Milch zum Einweichen
1 Brötchen
2 Eier
1 feingehackte Zwiebel
1 EL grüner (Madagaskar-)Pfeffer
2 EL feingehackte Petersilie
Salz
6 Käsewürfel (wie Emmentaler, Gouda, Leerdammer)
oder als Alternative: je 4 Krabben bzw. 3 gegarte Muscheln
Öl zum Einfetten des Rostes
2 EL Pflanzenfett

Das Hackfleisch mit dem in Milch eingeweichten und gut ausgedrückten Brötchen, mit den Eiern, den Zwiebelwürfeln, dem Pfeffer und der Petersilie gut vermischen. Mit Salz abschmecken.

Davon 6 Hackfleischbällchen formen, in deren Mitte die Käsewürfel, die Krabben oder die Muscheln eingeknetet werden, so daß sie rundum vom Hackfleisch bedeckt sind.

Diese Bällchen leicht flachdrücken, auf den gefetteten Rost legen und mindestens noch 1 Stunde in der Luft trocknen lassen.

Für das Räuchern 150 g Buchenmehl auf der Blechschale verteilen und diese auf der unteren Schiebeleiste ins Räuchergerät schieben. Den Thermostat bei geschlossenem Wrasenschieber auf 200 °C einstellen. Sobald das Räuchermehl zu glimmen beginnt, 1 Eßlöffel Räuchermehl »ROT« über das Buchenmehl streuen. Die Bällchen über der Fettauffangschale auf die obere Leiste schieben.

Den Wrasenschieber öffnen und die Fleischbällchen etwa 15 Minuten lang räuchern, bis sie eine herrlich braune Farbe erhalten haben. Falls die etwas dickeren Bällchen nicht ganz durchgegart sind (was manche sogar mögen), können sie in der Bratpfanne im heißen Fett noch durchgebraten werden, wobei sich das Raucharoma noch würziger entfaltet.

Tips:

Wenn das Nachbraten stört, können Sie die Füllung reduzieren oder weglassen und die Bällchen kleiner machen, so daß die doppelte Menge entsteht. Dabei wird das Fleisch bereits beim Räuchern durchgegart.

Es ist auch möglich, die Bällchen in den noch kalten Räucherofen zu legen und bei geöffnetem Wrasenschieber zusätzlich in der Zeit bis zum Glimmen des Räuchermehls zu garen. Allerdings verlieren sie dabei viel Fett und werden etwas fester. Bei diesem Verfahren genügen 10 Minuten Räucherzeit.

Geräucherte Ćevapčići

250 g Rinderhack
250 g Schweinehack
Salz
schwarzer Pfeffer aus der Mühle
1 EL Rosenpaprika
2 mittelgroße Zwiebeln
1 EL Weizenmehl

Das Hackfleisch mit den Gewürzen überstreuen. Die Zwiebeln schälen, fein hacken und mit dem Mehl und dem gewürzten Fleisch gut vermischen.

Mit nassen Händen Röllchen von etwa 7 cm Länge formen und an der Luft trocknen lassen.
Nach der Anweisung von Seite 73 räuchern.
Die Ćevapčići können warm oder kalt gegessen werden.

Geräucherte Rippen

2 EL Tomatenketchup
4 EL Speiseöl
1 TL scharfer Senf
1 TL Oregano
2 EL Weinbrand
4 dicke Schweinerippen (je etwa 220 g)
Öl zum Einfetten des Rostes
Salz, schwarzer Pfeffer aus der Mühle

Die Zutaten für die Marinade zu einer Paste verrühren.
Die gewaschenen und gut abgetrockneten Rippen rundherum mit dieser Paste bestreichen. In Alufolie wickeln und mindestens 2 Stunden im Kühlschrank marinieren lassen. Danach herausnehmen, mit Küchenkrepp gut abreiben und an der Luft noch nachtrocknen lassen.
Zum Räuchern 150 g Buchenmehl in die Räucherschale verteilen und diese auf die unterste Leiste des Räuchergeräts schieben. Den Thermostat auf 200 °C einstellen und den Wrasenschieber öffnen.
Auf dem geölten Rost die Rippen oberhalb der Fettauffangschale auf die oberste Leiste des Räuchergeräts schieben.
Sobald das Räuchermehl zu glimmen beginnt, noch 1 Eßlöffel Räucherpulver »ROT« darüberstreuen.
20 Minuten räuchern.
Die heißen Rippen mit Salz und Pfeffer bestreuen.

Tip:
Dazu Salzkartoffeln und Ananaskraut reichen.

Geräuchertes Schweinefilet im Mantel

1 geräuchertes Schweinefilet (400 g, siehe Seite 77)
10 getrocknete Pflaumen
⅛ l Apfelsaft
100 g hauchdünn geschnittene durchwachsene Speckscheiben
1 Paket tiefgekühlter Blätterteig (300 g)
Weizenmehl zum Ausrollen
1 Eigelb

Das geräucherte Schweinefilet abkühlen lassen.

Die Pflaumen über Nacht in Apfelsaft einweichen und am nächsten Tag entkernen.

Die Oberfläche des Filets mit den abgetropften Pflaumen belegen und dann das Filet mit den Pflaumen darauf sorgfältig mit Speckscheiben umwickeln.

Den aufgetauten Blätterteig auf einer bemehlten Arbeitsplatte etwa 4 mm dick zu einem Rechteck ausrollen und die Ränder geradeschneiden.

Das Filet vorsichtig in den Teig wickeln. Die Enden und die Quernaht mit kaltem Wasser bestreichen und fest zusammendrücken.

Die Oberfläche mit verquirltem Ei bestreichen. Mehrere Male mit der Gabel in den Blätterteig einstechen und diesen mit den abgeschnittenen Teigresten beliebig verzieren. Auch diese Verzierung mit Ei bestreichen.

Das Filet auf ein mit kaltem Wasser abgespültes Backblech legen und darauf 10 Minuten ruhen lassen.

Den Backofen auf 200 °C vorheizen (Heißluftherd 160 °C, Gasherd Stufe 4) und das Blech mit dem Filet auf die 2. Schiebeleiste von oben schieben. In 30 Minuten goldbraun backen.

Tip:
Dazu eine gemischte Gemüseplatte reichen.

Flambiertes geräuchertes Schweinefilet

1 großes Schweinefilet (Schweinslende, etwa 500 g)
2 EL Kräuteressig
1 TL Honig
2 EL Tomatenmark
1 EL Senf
Öl zum Einfetten des Rostes
Salz
schwarzer Pfeffer aus der Mühle
1 Becher Sahne
4 EL Whisky
375 g frische Champignons
2 EL feingehackte Petersilie
1 Sträußchen Petersilie
2 Tomaten

Das Schweinefilet kalt abwaschen und mit Küchenkrepp trockentupfen. Aus Kräuteressig, Honig, Tomatenmark und Senf eine cremige Soße rühren.

Das Filet mit dieser Marinade bestreichen, in Alufolie wickeln und im Kühlschrank mindestens 2 Stunden marinieren lassen.

Danach abtrocknen und an der Luft nachtrocknen lassen.

Den Rost des Räuchergeräts mit Öl bestreichen und das Filet darauflegen. Räuchervorgang siehe Seite 40.

Das fertig geräucherte heiße Filet mit Salz und Pfeffer überstreuen. Den auf die Fettpfanne getropften Fleischsaft in eine Bratpfanne mit wenig Wasser spülen, die Sahne dazugeben und aufkochen. Das Filet hineinlegen.

Den Whisky in einer Kelle vorwärmen, anzünden und brennend über das Fleisch gießen. Danach ausbrennen lassen.

Das Filet herausnehmen. Auf einer Platte warm stellen und mit Alufolie abdecken.

Die Champignons putzen, waschen, in Scheiben schneiden und in die Soße geben und zugedeckt 10 Minuten schmoren lassen.

Mit Salz und Pfeffer abschmecken und vor dem Anrichten mit Petersilie bestreuen.

Das geräucherte Filet in etwa 1 cm dicke Scheiben schneiden und mit den Petersilienzweigen und Tomatenvierteln garnieren.
Die Pilze getrennt sowie Kartoffelbällchen dazu reichen.

Geräucherter Schweinebauch

4 Scheiben Schweinebauch (je etwa 200 g)
2 EL Tomatenketchup
1 TL scharfer Senf
1 TL Oregano
4 EL Speiseöl
Salz, geschroteter Pfeffer
Öl zum Einfetten des Rostes

Den Schweinebauch zunächst kalt abwaschen und mit Küchenkrepp trocknen.
Aus dem Tomatenketchup, dem Senf, dem Oregano und dem Öl eine Marinade herstellen und mit ihr den Schweinebauch auf beiden Seiten gründlich bestreichen.
Die Fleischscheiben aufeinanderlegen, in Alufolie wickeln und mindestens 2 Stunden im Kühlschrank marinieren lassen.
Danach erneut mit Küchenkrepp abwischen und trockentupfen. Nach Möglichkeit zusätzlich an der Luft gut abtrocknen lassen. Beide Fleischseiten mit Salz und geschrotetem Pfeffer bestreuen und auf den geölten, umgedrehten Rost des Räuchergeräts legen.
Auf der Brennschale 150 g Buchenmehl verteilen und die Schale in die unterste Leiste des Räuchergeräts schieben. Den Thermostat auf 200 °C stellen und den Wrasenschieber schließen.
Sobald das Räuchermehl auf der Schale zu glimmen beginnt, 1 Eßlöffel Räucherpulver »ROT« darüberstreuen.
Den Rest mit dem Schweinebauch auf der obersten Leiste über der Fettauffangschale einschieben und den Wrasenschieber öffnen. Etwa 20 Minuten räuchern.

Tip:
Der geräucherte Schweinebauch kann warm – etwa zu Sauerkraut – oder kalt mit gebuttertem Vollkornbrot gegessen
werden. Senf und Gewürzgurke bereichern die Mahlzeit.

Geräucherte Rumpsteaks

4 Rumpsteaks (je etwa 150 g)
Marinade:
2 EL Speiseöl
1 EL scharfer Senf
2 TL brauner Zucker
Oder:
2 EL Kräuteressig
1 EL Honig
2 EL Tomatenketchup
1 EL Senf
Öl zum Einfetten des Rostes
Salz
schwarzer Pfeffer aus der Mühle

Die Rumpsteaks kalt abwaschen und mit Küchenkrepp trok-
kentupfen. Die Fettränder der Rumpsteaks senkrecht einschneiden.
Die Zutaten für eine der beiden Marinaden verrühren und die
Rumpsteaks damit gründlich bestreichen. In die Alufolie wik-
keln und mindestens 5 Stunden im Kühlschrank marinieren.
Danach die Rumpsteaks mit Küchenkrepp abreiben und trok-
kentupfen und an der Luft nachtrocknen lassen. Auf den
umgedrehten und geölten Rost legen.
Räuchervorgang und Dauer wie beim Schweinskotelett (siehe
Seite 40).
Die fertig geräucherten Rumpsteaks mit Salz und Pfeffer
überstreuen. Als Beilage frischen Meerrettich und Pommes
frites reichen.

Rumpsteak à la Meier

4 Fenchelknollen
⅛ l Fleischbrühe
Salz
Saft von ½ Zitrone
4 geräucherte Rumpsteaks (siehe Seite 79)
2 EL Butter
4 Eier

Die Fenchelknollen putzen, waschen und danach quer halbieren. Den harten Strunk herausschneiden und die Knollen in Streifen schneiden.

Die Fenchelstreifen in die kochende Fleischbrühe geben, salzen, leicht umrühren und den Zitronensaft dazugeben. Zugedeckt etwa 10 Minuten dünsten.

Die noch heißen geräucherten Rumpsteaks auf vorgewärmte Teller verteilen.

In der heißen Butter 4 Spiegeleier bereiten. Auf jedes Rumpsteak ein Spiegelei setzen. Dazu das Fenchelgemüse und Kartoffeln reichen.

Geräuchertes Rinderfilet mit Champignons

3 EL Butter
1 mittelgroße Zwiebel
250 g Champignons
2 EL feingehackte Petersilie
Salz
weißer Pfeffer aus der Mühle
1 TL Zitronensaft
4 Scheiben geräuchertes Rinderfilet (je etwa 200 g)
etwa 4 EL Weinbrand

In der geschmolzenen Butter die geschälte und in Würfel geschnittene Zwiebel andünsten.

Die Champignons putzen, waschen, in Scheiben schneiden und hinzufügen, ebenfalls die Petersilie, alles durchschwenken und 5 Minuten dünsten. Mit Salz, Pfeffer und Zitronensaft würzen.

Die frisch aus dem Rauch gekommenen (oder wieder erwärmten) Rinderfiletscheiben in eine heiße Pfanne legen, mit Weinbrand übergießen und anzünden.

Auf 4 vorgewärmte Teller verteilen, die Champignons daraufgeben und den Rest Weinbrand, der sich noch in der Pfanne befindet, darübertropfen. Dazu Pommes frites reichen.

Geräucherte Kalbshaxe mit Zitronensoße

2 Zwiebeln
250 g Möhren
1 Stange Bleichsellerie
50 g Butter
500 g Tomaten
Salz
weißer Pfeffer aus der Mühle
1 Lorbeerblatt
abgeriebene Schale von 1 ungespritzten Zitrone
4 geräucherte Scheiben einer Kalbshaxe (je nach Knochengröße etwa 300 g; siehe Seite 78)
¼ l Weißwein
¼ l Fleischbrühe
Saft von 2 Zitronen
heller Soßenbinder

Die Zwiebeln schälen, die Möhren und den Bleichsellerie putzen und alles in Scheiben schneiden. Die Butter schmelzen und das Gemüse darin anrösten.

Die Tomaten mit kochendem Wasser überbrühen, abschrecken, die Haut abziehen und die Tomaten in Würfel teilen. Mit Salz, Pfeffer, einem zerdrückten Lorbeerblatt und der abgeriebenen Zitronenschale zum Gemüse geben.

Die geräucherten Kalbshaxenscheiben auf das Gemüse legen, den Wein und die Fleischbrühe darübergießen und 1 Stunde schmoren lassen.

Das weiche Fleisch herausnehmen und auf eine vorgewärmte Platte legen.

Die Gemüsesoße mit Zitronensaft kräftig abschmecken. Gegebenenfalls noch mit Soßenbinder leicht andicken und über das Fleisch gießen.

Tip:
Dazu körnig gekochten Reis servieren.

Kalbsmedaillons in Pernodsoße

8 geräucherte Kalbsmedaillons (je etwa 70 g)
Marinade und Räuchervorgang wie Schweinskotelett
(siehe Seite 40), Räucherzeit: 15 Minuten
2 EL Butter
1 mittelgroße Zwiebel
4 EL Pernod
⅛ l Fleischbrühe, ⅛ l saure Sahne
Streuwürze
Salz, schwarzer Pfeffer aus der Mühle
heller Soßenbinder
1 Grapefruit

Während der Räucherzeit die Soße bereiten. Dazu die Butter im Topf schmelzen lassen und darin die geschälte, sehr feingehackte Zwiebel hell anschwitzen. Den Pernod in einer Kelle erwärmen, anzünden und über die Zwiebeln gießen. Ausbrennen lassen und mit der Fleischbrühe und der Sahne ablöschen sowie mit den Gewürzen abschmecken.

Um die Soße sämig zu machen, gegebenenfalls mit etwas Soßenbinder leicht andicken.

Die Grapefruit schälen, die weiße Haut abziehen und die Frucht in Spalten teilen.

Je 2 geräucherte Medaillons auf vorgewärmte Teller legen, die Soße darübergießen und mit den Grapefruitfilets garnieren.

Tips:
Dazu körnigen Reis und Kopfsalatherzen in einem pikanten Dressing reichen.
Das Rezept kann auch mit Medaillons von Schweinslenden bereitet werden.

Frikassee von Kalbszunge

Es bieten sich zwei Möglichkeiten, eine Zunge zu räuchern. Entweder muß sie vorher gegart und dann geräuchert werden, oder erst räuchern und anschließend garen. Im zweiten Fall ergeben sich die Zutaten:

1 Kalbszunge (etwa 500 g)
Lake zum Spritzen (siehe Seite 25)
Öl zum Fetten des Rostes

Die Zunge waschen, abtrocknen und mit der Lake gleichmäßig spritzen. Mit Küchenkrepp erneut abtrocknen und an der Luft nachtrocknen lassen.
Die Räucherschale mit 150 g Buchenräuchermehl belegen und auf der untersten Leiste des Räuchergeräts einschieben.
Den Thermostat auf 200 °C stellen und den Wrasenschieber schließen.
Wenn das Räuchermehl zu glimmen beginnt, noch 1 Eßlöffel Räucherpulver »ROT« darüberstreuen.
Die Zunge auf den geölten Rost legen und auf der oberen Leiste über der Fettauffangschale in das Räuchergerät schieben. Etwa 20 Minuten räuchern. Die Räucherzeit für Rinderzunge ist die gleiche. Jedoch muß die so geräucherte Zunge noch gegart werden.
Im folgenden Rezept wird davon ausgegangen, daß die Zunge erst nach dem Garen geräuchert wird.

1 Kalbszunge (etwa 500 g)
1 Petersilienwurzel
2 Möhren
1 Zwiebel
2 EL Pflanzenfett
1 Lorbeerblatt
8 Pimentkörner
1 Nelke
Salz

Die Zunge kalt abwaschen.

Die Petersilienwurzel und die Möhren putzen, waschen und in Scheiben schneiden. Die Zwiebel schälen und in Scheiben schneiden.

Das Fett erhitzen, das Gemüse darin anrösten und dann mit ¼ l Wasser auffüllen. Die Zunge mit den Gewürzen hineingeben und 20 Minuten garen.

Die Zunge herausnehmen, mit Küchenkrepp gut abtrocknen und auf den vorher geölten Rost legen.

Räuchervorgang wie beim Schweinskotelett (siehe Seite 40), Räucherzeit: 15 Minuten.

Für die Frikasseesoße:
30 g Butter
40 g Mehl
⅛ l trockener Weißwein
30 g gestiftete Mandeln
50 g Rosinen
4 EL Sahne
1 Eigelb
Saft von ½ Zitrone
Zucker
Salz

Während des Räucherns die Brühe vom Garen der Zunge durch ein Sieb rühren.

Die Butter im Topf schmelzen lassen und mit dem Mehl eine

helle Einbrenne bereiten. Diese mit der Zungenbrühe und dem Weißwein ablöschen und 5 Minuten köcheln lassen.
Die Mandelstifte anrösten und mit den Rosinen hinzufügen.
Die fertig geräucherte Zunge von der Haut befreien und in Scheiben schneiden. In die Brühe geben und alles nochmals aufkochen lassen. Den Topf vom Feuer nehmen.
Die Sahne mit dem Eigelb verquirlen und – ohne zu kochen – mit der Flüssigkeit verrühren.
Zuletzt mit Zitronensaft, Zucker und Salz abschmecken. Dazu körnigen Reis servieren.

Lammkoteletts

4 große Lammkoteletts oder 8 kleine von je etwa 80 g
Für die Minzemarinade:
2 Gläser Weinbrand
schwarzer Pfeffer aus der Mühle
1 zerdrückte Knoblauchzehe
1 EL gehackte frische oder getrocknete Minze
Für die Zitronenmarinade:
2 EL Speiseöl
Saft und abgeriebene Schale von ½ ungespritzten Zitrone
1 EL Zucker
1 TL schwarzer Pfeffer aus der Mühle
½ TL gemahlener Ingwer
Öl zum Einfetten des Rostes
Salz

Die Koteletts waschen und mit Küchenkrepp trockentupfen.
Die Zutaten für eine der beiden Marinaden verrühren und die Koteletts damit bestreichen.
Die Koteletts aufeinanderlegen, in Alufolie wickeln und mindestens 2 Stunden im Kühlschrank marinieren.
Herausnehmen, mit Küchenkrepp abreiben, trockentupfen und an der Luft nachtrocknen lassen. Auf den umgekehrten, geölten Rost legen.

Räuchern nach Art und Dauer wie beim Schweinskotelett (siehe Seite 40).

Die fertig geräucherten heißen Koteletts mit Salz überstreuen.

Geräucherte Lammkoteletts mit Tomaten

50 g Butter
2 Schalotten
2 Knoblauchzehen
4 große Tomaten
1 Lorbeerblatt
Salz
schwarzer Pfeffer aus der Mühle
4 große geräucherte Lammkoteletts (siehe Seite 85)
16 schwarze Oliven

Die Butter in der Pfanne schmelzen lassen und die geschälten, feingehackten Schalotten sowie die geschälten und gehackten Knoblauchzehen darin glasig dünsten.

Die Tomaten mit kochendem Wasser überbrühen, kalt abschrecken und die Haut abziehen; in Stücke schneiden. Zusammen mit dem zerdrückten Lorbeerblatt zu den Zwiebeln geben. Mit Salz und Pfeffer würzen und so lange dünsten, bis die Tomaten musig sind.

Die frisch aus dem Rauch kommenden oder wieder erwärmten heißen Koteletts auf einer Platte anrichten.

Mit der Soße übergießen und mit den Oliven garnieren. Dazu Spätzle reichen.

Geräuchertes Hammelkotelett mit Zucchini

4 dicke Hammelkoteletts, von denen jedes über 2 Rippen geschnitten ist
2 Knoblauchzehen
2 TL Curry

6 EL Olivenöl
Öl zum Einfetten des Rostes
Salz
schwarzer Pfeffer aus der Mühle
500 g kleine Zucchini
2 EL Butter
1 Schalotte
⅛ l trockener Weißwein
Streuwürze
⅛ l Sahne
2 EL feingehackte Petersilie

Die Koteletts kalt waschen, abtrocknen und an den Rändern senkrecht einschneiden.

Die geschälten Knoblauchzehen zerdrücken, mit Curry fein zerreiben und mit Olivenöl verrühren.

Die Koteletts rundherum mit dieser Marinade bestreichen und übereinanderlegen. In Alufolie wickeln und mindestens 2 Stunden im Kühlschrank marinieren.

Danach herausnehmen, mit Küchenkrepp abreiben, trockentupfen und an der Luft nachtrocknen lassen. Auf den umgedrehten, geölten Rost legen.

Räuchervorgang wie beim Schweinskotelett (siehe Seite 40), Räucherzeit: 25–30 Minuten.

Die heißen Koteletts mit Salz und Pfeffer überstreuen.

Während der Räucherzeit die Zucchini waschen, die dicken Enden entfernen und mit Schale in Scheiben von ½ cm Dicke schneiden.

Die Butter im Topf schmelzen lassen, die geschälte und geriebene Schalotte darin andünsten. Die Zucchinischeiben hineingeben und mit dem Wein übergießen. Mit Streuwürze, Salz und Pfeffer abschmecken. 10 Minuten langsam dünsten.

Die Zucchinischeiben vorsichtig aus dem Topf nehmen und in eine vorgewärmte Schüssel legen.

Den Fond mit der Sahne einkochen und über die Zucchini gießen. Mit der Petersilie überstreuen und zu den heißen Hammelkoteletts servieren. Dazu Mandelreis reichen.

Hähnchenkeulen orientalisch

4 geräucherte Hähnchenkeulen (siehe Seite 42)
¼ l Rotwein
1 mittelgroße geriebene Zwiebel
1 EL Zucker
1 TL geschroteter Pfeffer
1 TL Basilikumgewürz
Saft von 1 Zitrone
Öl zum Einfetten des Rostes
Salz
schwarzer Pfeffer aus der Mühle
250 g Langkornreis
¾ l Wasser
Salz
1 TL Curry
100 g Rosinen
2 EL Butter
4 Bananen
Zitronensaft
4 Kopfsalatblätter

Die Hähnchenkeulen waschen und abtrocknen.
Die Zutaten für die Marinade verrühren.
Die Hähnchenkeulen in eine flache Schale legen, die Marinade darübergießen und mit Alufolie bedecken. Im Kühlschrank 5 Stunden ziehen lassen. Dazwischen die Keulen öfter wenden. Danach mit Küchenkrepp abreiben und gut trockentupfen. Noch einige Zeit an der Luft nachtrocknen lassen. Den Rost ölen und die Keulen darauflegen.
Räuchervorgang wie Schweineschnitzel (siehe Seite 40), Räucherzeit: 30 Minuten. Die geräucherten heißen Keulen mit Salz und Pfeffer überstreuen.
Während des Räucherns den Rosinenreis zubereiten.
Den kalt abgespülten Reis in kochendes Salzwasser geben. Den Curry und die Rosinen daruntermischen. 20–25 Minuten ausquellen lassen.

Die Butter in der Pfanne schmelzen lassen.

Die Bananen schälen, rundum mit Zitronensaft beträufeln und in der heißen Butter anbraten.

Auf einer Platte die gewaschenen, abgetropfen Salatblätter verteilen. Je nach Neigung die heißen oder abgekühlten geräucherten Hähnchenkeulen mit je 1 Banane drauflegen. Dazu den Rosinenreis servieren und als Beilage Salat reichen.

Entenfilets mit Rosenkohl und Pfirsichsoße

2 mit Knochen geräucherte Entenbruststücke (siehe Seite 42)
500 g Rosenkohl
4 EL Butter
1 Zwiebel
Salz, geriebene Muskatnuß
12 Pfirsichhälften aus der Dose
schwarzer Pfeffer aus der Mühle
1 EL Weinbrand
eingemachte Preiselbeeren
1 Strauß Petersilie

Die frisch geräucherten Entenbruststücke vom Knochen lösen und die Filets auf eine vorgewärmte Platte legen, mit Alufolie überdecken und warm stellen.

Den Rosenkohl putzen und waschen.

2 Eßlöffel Butter im Topf schmelzen lassen und die feingehackte Zwiebel darin hellgelb dünsten.

Den Rosenkohl hineingeben, mit Salz und Muskatnuß überstreuen, durchschwenken und im geschlossenen Topf 15 Minuten langsam garen lassen.

8 Pfirsichhälften in Scheiben schneiden.

Den Rest der Butter in der Pfanne schmelzen lassen und die Pfirsichscheiben rundherum anbraten und 5 Minuten in der geschlossenen Pfanne schmoren lassen.

Durch ein Sieb passieren und das Mus mit Salz, Pfeffer und dem Weinbrand würzen.

Die restlichen 4 Pfirsichhälften mit den Preiselbeeren füllen, um die Entenfilets setzen und mit den gewaschenen, abgetropften Petersilienzweigen servieren.
Dazu den Rosenkohl, die Pfirsichsoße und Salzkartoffeln oder Kartoffelkroketten reichen.

Geräucherte Putensteaks mit Walnußnudeln

4 Putensteaks
2 EL Sojasauce
2 EL Sherry
2 EL Speiseöl
1 TL Zucker
1 geriebene Zwiebel
1 TL getrockneter Salbei
Salz
schwarzer Pfeffer aus der Mühle
500 g Bandnudeln
Salz
2 EL Speiseöl
2 EL Butter
50 g Walnußkerne
1 Becher Crème fraîche
Zitrone, Petersilie

Die Putensteaks waschen und abtrocknen.
Die Zutaten für die Marinade verrühren, die Steaks darin rundherum bestreichen, in Alufolie wickeln und im Kühlschrank mindestens 2 Stunden marinieren lassen.
Räuchern nach Art der Schweinskoteletts (siehe Seite 40), Räucherdauer: 15 Minuten.
Die heißen Steaks mit Salz und Pfeffer bestreuen.
Die Bandnudeln mit dem Öl in reichlich kochendes Salzwasser geben und 10 Minuten nicht zu weich – al dente – kochen.
Abgießen und mit kaltem Wasser abschrecken. Durch Schwenken in der heißen Butter wieder erwärmen.

Die gehackten Walnüsse und die Crème fraîche unter die Nudeln ziehen.

Die Steaks auf einen vorgewärmten Teller legen. Mit Zitronenscheiben und gewaschenen, abgetropften Petersilienzweigen garnieren.

Dazu die Walnußnudeln und frischen Salat servieren.

Geräucherte Rehmedaillons in Brombeersoße

500 g Brombeeren (tiefgefroren)
200 g Honig
⅛ l Rotwein
½ gewaschene, ungespritzte Orange
1 TL Zitronensaft
8 geräucherte Rehmedaillons (je etwa 70 g; siehe Seite 92)
Salz
weißer Pfeffer aus der Mühle
1 Sträußchen Petersilie

Die Brombeeren auftauen und einige der Früchte zum Garnieren beiseite legen.

Den Honig in einen Topf geben und aufkochen. Den Rotwein zum kochenden Honig schütten und so lange köcheln lassen, bis sich der Honig ganz aufgelöst hat.

Zwei Drittel der Brombeeren in der Honigflüssigkeit garen und durch ein Sieb passieren. Den Rest der Brombeeren (außer der Garnitur) dazugeben und zusammen mit dem Püree aufkochen.

Die Orangenschale dünn abschälen und in feine Streifen schneiden.

Die Orangenstreifen in ein Teesieb geben, mit kochendem Wasser überbrühen und dann abtropfen lassen.

Zusammen mit dem Zitronensaft unter die Soße rühren und nochmals – jedoch ohne Kochen – erhitzen.

Die frisch geräucherten Rehmedaillons mit Salz und Pfeffer würzen und gegebenenfalls warm stellen.

Beim Servieren mit Petersilie und den zurückgelegten Brombeeren garnieren. Die Soße getrennt dazu reichen. Außerdem Kartoffelkroketten und Salat anbieten.

Geräucherte Hirschfilets

4 Hirsch-(oder Reh-)filets (etwa 3 cm dick)
2 EL Speiseöl
2 EL Zitronensaft
4 EL Weinbrand
1 TL schwarzer Pfeffer aus der Mühle
4 Wiener Würstchen
Öl zum Einfetten des Rostes
Salz
1 Glas trockener Sherry
Salz
schwarzer Pfeffer aus der Mühle
1 Lorbeerblatt
4 Wacholderbeeren
4 EL Johannisbeergelee
1 EL frisch geriebener Meerrettich
4 EL Crème fraîche
Preiselbeerkompott oder -konfitüre

Die Filets waschen, abtrocknen und mit der Hand flach drücken.

Die Zutaten für die Marinade miteinander verrühren und die Filets damit bestreichen.

Die Filets aufeinanderlegen, in Alufolie wickeln und 2–3 Stunden im Kühlschrank marinieren lassen.

Danach die Filets mit Küchenkrepp abreiben, trockentupfen und an der Luft noch einige Zeit nachtrocknen lassen.

Auf der Blechschale des Räuchergeräts 50 g Buchenmehl und 100 g Wacholdermehl verteilen und die Schale auf der unteren Leiste des Räuchergeräts einschieben. Den Thermostat auf 200 °C einstellen und den Wrasenschieber schließen.

Sobald das Räuchermehl zu glimmen beginnt, zusätzlich 1 Eß-löffel Räucherpulver »ROT« darüberstreuen.

Die Filets zusammen mit den trockenen Würstchen auf dem geölten Rost auslegen und über der Fettauffangschale auf der obersten Leiste ins Räuchergerät schieben. Den Wrasenschie-ber öffnen und 15–20 Minuten räuchern.

Die Filets sollten innen noch rosa sein. Noch heiß mit Salz überstreuen.

Während der Räucherzeit die Soße zubereiten.

Den Sherry mit Salz, Pfeffer, dem zerdrückten Lorbeerblatt und den Wacholderbeeren auf ein Drittel einkochen lassen, wobei der Topf offen bleibt. Durch ein Sieb gießen.

Das Johannisbeergelee, den Meerrettich und die Sahne hinzu-fügen und unter Rühren noch einmal aufkochen lassen.

Die frisch geräucherten Filets auf vorgewärmte Teller geben, die mitgeräucherten Würstchen in Scheiben schneiden und die Filets kranzförmig darumlegen. Zuletzt die Soße über die Filets gießen und sofort servieren.

Tip:
Als Beilage Spätzle und Preiselbeeren reichen.

Frikassee aus geräucherten Eiern im Reisrand

8 geräucherte Eier (siehe Seite 44)
2 EL Butter oder Margarine
1 Zwiebel
3 EL Weizenmehl
¼ l Fleischbrühe
¼ l Milch
Saft von ½ Zitrone
Salz
schwarzer Pfeffer aus der Mühle
1 Prise Zucker
50 g Tomatenketchup
150 g Spargelspitzen (aus der Dose)
150 g Champignons (frisch oder aus der Dose)
2 EL feingehackte Petersilie

2 Eier in dicke Scheiben schneiden. Die restlichen 6 Eier grob würfeln.

Das Fett im Topf schmelzen lassen.

Die geschälte, gehackte Zwiebel darin hellgelb dünsten. Mit dem Mehl zu einer hellen Schwitze rühren und mit der Fleischbrühe und der Milch ablöschen. Zu einer cremigen Soße glattrühren und mit dem Zitronensaft, Salz, Pfeffer, dem Zucker und dem Tomatenketchup abschmecken.

Die abgetropften Spargelspitzen und Champignons – frische Pilze müssen vorher gedünstet werden – hinzufügen und nochmals erhitzen. Dann vorsichtig die gewürfelten Eier hinzugeben.

Dieses Eierfrikassee im Reisrand anrichten und mit den in Scheiben geschnittenen Eiern und Petersilie appetitlich garnieren.

Geräucherte Fischgerichte

Matjes mit grünen Bohnen und Speckstippe

750 g kleine grüne Bohnen
3 EL gehacktes Bohnenkraut
1 EL Butter
Salz, weißer Pfeffer aus der Mühle
3 EL feingehackte Petersilie
1 große Gemüsezwiebel
200 g gewürfelter Speck
6 mild geräucherte Matjesheringe (siehe Seite 36)
4 Kopfsalatblätter, 2 Tomaten

Die Bohnen waschen, mit dem Bohnenkraut in wenig Wasser weich kochen, jedoch »al dente«, also mit noch spürbarem Biß.
Das Wasser abgießen und die Bohnen unter Beigabe von Butter in dem Topf schwenken, mit Salz und Pfeffer würzen und mit der Petersilie überstreuen.
Die Zwiebel schälen, die Hälfte von ihr in Scheiben, die andere Hälfte in Würfel schneiden.
Den gewürfelten Speck in einer Pfanne auslassen und die Zwiebelwürfel darin goldbraun rösten.
Die mild geräucherten Matjesheringe filieren, auf jedes der 4 Salatblätter 3 Filets legen und auf einer Platte anrichten. Die Zwiebelringe darauf verteilen und mit Tomatenachteln garnieren.
Dazu die grünen Bohnen mit der Speckstippe servieren und neue Kartoffeln, mit Kümmel gekocht, reichen.

Bücklinge aus eigener Räucherei

6 grüne Heringe
2 EL scharfer Senf
1 mittelgroße geriebene Zwiebel
2 EL geschroteter Pfeffer
2 EL feingehackte Petersilie
2 EL feingehackter Dill
Öl zum Einfetten des Rostes

Die Heringe ausnehmen, schuppen (eventuell im Laden machen lassen) und unter fließendem Wasser gründlich waschen.
Mit der Bauchseite auf den Räucherrost legen und dort an der Luft trocknen lassen.
Aus den Gewürzen eine Paste rühren und die gutgetrockneten Fische damit einreiben.
Nun beginnt der Räuchervorgang, der aus grünen Heringen Bücklinge macht. Die Heringe werden, mit der Bauchseite nach oben auf den vorher geölten Rost gelegt und dort – in gleicher Weise wie Schollen (siehe Seite 37) – 10 Minuten geräuchert.

Tip:
Warm mit Pellkartoffeln, einer Speckstippe und einem grünen Salat servieren oder lauwarm bzw. kalt zu Schwarzbrot mit Butter.

Gebackene Kartoffeln mit Bücklingssoße

4 große mehlige Kartoffeln (je etwa 250 g)
4 Bücklingsfilets
1 kleine Gewürzgurke
1 EL eingelegte Tomatenpaprika
6 schwarze Oliven
1 eingelegte Knoblauchzehe
200 g Doppelrahm-Frischkäse
100 g Sahne
1 EL feingehackte Petersilie
1 EL feingehackter Schnittlauch
Salz
schwarzer Pfeffer aus der Mühle
1 Bund Petersilie
2 Tomaten

Die Kartoffeln gründlich abbürsten, waschen und abtrocknen.
Jede Kartoffel in Alufolie wickeln.
Den Elektroherd auf 200 °C vorheizen (Heißluftherd 160 °C,
Gasherd Stufe 4) und die Kartoffeln auf dem Rost auf der
2. Leiste von oben 1 Stunde backen.
Nach dieser Zeit mit einem Hölzchen prüfen, ob sie gar sind.
Die Bücklingsfilets kleinschneiden.
Die Gewürzgurke, den Tomatenpaprika, die entkernten Oli-
ven und die Knoblauchzehe fein hacken.
Den Doppelrahm-Frischkäse mit der Sahne pürieren und mit
den gehackten Zutaten sowie mit der Petersilie und dem
Schnittlauch vermischen. Abschmecken und nach Belieben mit
Salz und Pfeffer würzen.
Jede Kartoffel auf einen Teller setzen. Die Alufolie öffnen. Die
Kartoffeln auf der Oberseite kreuzweise einschneiden und
vorsichtig etwas auseinanderdrücken, um etwas von der Soße in
die Öffnung füllen zu können. Mit den Petersilienzweigen und
den in Achtel geschnittenen Tomaten garnieren.
Die restliche Soße getrennt reichen. Mit frischem Kopfsalat
servieren.

Überbackener Tomatenfisch

4 große Tomaten (zusammen etwa 500 g)
800 g Räucherfischfilet (z. B. Bückling, Makrele, Scholle)
Fett zum Ausreiben der Auflaufform
Salz
3 Eier
⅛ l Sahne
2 TL grüne Pfefferkörner
1 EL gehackte Petersilie

Die Tomaten mit kochendem Wasser überbrühen, kalt abschrecken, die Haut abziehen und die Tomaten in nicht zu dünne Scheiben schneiden.

Das Fischfilet von den Gräten befreien und in Stückchen zupfen.

Eine Auflaufform fetten und schichtweise die Tomaten und die Räucherfischstückchen hineinlegen. Die Tomatenscheiben dabei mit Salz überstreuen.

Die Eier mit der Sahne, den Pfefferkörnern und der gehackten Petersilie verquirlen und gleichmäßig über den Auflauf gießen.

Die Form mit Alufolie bedecken. Den Backofen des Elektroherdes auf 220 °C vorheizen (Heißluftherd 180 °C, Gasherd Stufe 4–5). Auf der mittleren Schiene 25 Minuten garen.

Mit Salzkartoffeln und Salat servieren.

Räucherfischsteaks mit Orangen

4 Scheiben Fisch (je etwa 200 g, z. B. Heilbutt, Dorsch,
Kabeljau)
Saft von ½ Zitrone
2 EL grüner (Madagaskar-)Pfeffer
4 EL frisch gepreßter Orangensaft
1 Glas Sherry
Salz
Öl zum Einfetten des Rostes
2 Orangen
2 EL Butter
½ TL Zucker
1 Strauß Petersilie

Die Fischscheiben unter fließendem Wasser abspülen und mit
Küchenkrepp abtrocknen. Rundherum mit Zitronensaft einreiben.
Für die Marinade den grünen Pfeffer mit einer Gabel zerdrük-
ken und mit dem Orangensaft und dem Sherry verrühren.
Die Fischstücke mit dieser Marinade bestreichen, in die Alufolie wickeln und mindestens 2 Stunden im Kühlschrank marinieren lassen.
Danach mit Küchenkrepp gut abtrocknen und noch mindestens
1 Stunde an der Luft nachtrocknen lassen. Fürs Räuchern
auf den geölten Rost legen und nach Art der Scholle (siehe
Seite 37) räuchern.
Die fertig geräucherten Fischsteaks auf vorgewärmte Teller
verteilen und gegebenenfalls warm stellen.
Die Orangen schälen und sorgfältig von der weißen Haut
befreien, in Spalten teilen.
Die Butter und den Zucker in einer Pfanne schmelzen lassen
und die Orangenspalten auf beiden Seiten kurz darin wenden.
Auf die Steaks verteilen und mit Petersilie garnieren. Dazu
Kartoffelsalat reichen.

Geräucherte Fischkoteletts mit Remoulade

4 geräucherte Fischkoteletts (siehe Seite 37)
1 Ei
1 TL Senf
Saft von 1 Zitrone
⅛ l Speiseöl
1 Zwiebel
1 Apfel
2 kleine Gewürzgurken
1 EL feingehackter Dill
1 EL feingehackter Schnittlauch
1 EL feingehackte Petersilie
Salz
weißer Pfeffer aus der Mühle
Zucker

Das Ei mit dem Senf und dem Zitronensaft im Mixgerät verrühren. Das Speiseöl tropfenweise unter Rühren hinzufügen, bis eine cremige Masse entsteht.
Die Zwiebel enthäuten, den Apfel schälen und von Blüte, Stiel und Kerngehäuse befreien.
Den Apfel, die Zwiebel und die Gewürzgurken zu groben Stückchen zerkleinern.
Diese Zutaten zur Soße in den Mixer geben und den Dill, den Schnittlauch und die Petersilie hinzufügen und ebenfalls kurz mixen.
Zuletzt mit Salz, Pfeffer, Zucker und – wenn erforderlich – etwas Zitronensaft würzen.

Tip:
Diese selbstbereitete Remoulade kann auch durch eine fertige ersetzt werden. Aber urteilen Sie selbst, welche besser schmeckt . . .!

Geräucherte Makrelenfilets auf Kartoffelpuffern

1 kg Kartoffeln
1 Zwiebel
1 Möhre
2 Eier
Salz
schwarzer Pfeffer aus der Mühle
Pflanzenfett zum Braten
4 mittelgroße Makrelen
eingemachte Preiselbeeren

Die Kartoffeln, die Zwiebel und die Möhre schälen und reiben.
Die Eier, Salz und Pfeffer dazugeben und die Masse gut durchrühren.
Das Fett in der Pfanne erhitzen und den Kartoffelteig in das sehr heiße Fett mit einer Schöpfkelle einfüllen.
Der Reihe nach 4 pfannengroße Puffer auf beiden Seiten goldbraun backen und jeweils auf vorgewärmte Teller gleiten lassen.
Die von der Haut befreiten, filierten und entgräteten Räuchermakrelen (siehe Seite 102) auf die Puffer verteilen.

Tip:
Dazu Preiselbeeren servieren.

Geräucherte Makrelenfilets mit Tomatenbutter

4 mittelgroße Makrelen
Saft von 1 Zitrone
4 EL Olivenöl
2 EL feingehackte Zwiebeln
2 TL Salz
1 EL grob geschroteter Pfeffer
3 EL Senfkörner
Öl zum Einfetten des Rostes
1 Strauß Petersilie
125 g Butter
1 Eigelb
2 EL Tomatenmark
1 Prise Salz
1 Prise Zucker

Die Makrelen (falls nicht beim Kauf geschehen) ausnehmen, den Kopf abschneiden, an der Mittelgräte den Fisch längs trennen und sorgfältig jedes Filet von allen Gräten befreien. Die Filets kalt waschen und mit Küchenkrepp trockentupfen. Die Filets mit der Hautseite nach unten auf eine flache Platte legen. Die Innenseiten mit einer Mischung aus Zitronensaft, Olivenöl, gehackten Zwiebeln, Salz und Pfeffer bestreichen. Nun die Fische mit den Innenseiten aufeinanderlegen und 30 Minuten marinieren und dabei einige Male wenden.
Anschließend mit Küchenkrepp trockentupfen und die Zwiebelstückchen entfernen. Dagegen können die Pfefferkörnchen haften bleiben. Einige Zeit nachtrocknen lassen.
Dann die Innenseiten mit den Senfkörnern bestreuen und diese leicht andrücken. Die Filets mit der Hautseite nach unten auf den geölten, umgedrehten Rost legen und etwa 20 Minuten, entsprechend der Beschreibung von Seite 37 räuchern.
Von den fertig geräucherten Makrelen das Fleisch von der Haut lösen und dieses auf einer Platte, mit der gewaschenen, zerpflückten Petersilie garniert, anrichten.
Die nicht mehr harte Butter schaumig rühren.

Das Eigelb und das Tomatenmark hinzufügen und danach kräftig mit Salz und Zucker abschmecken. Kühl stellen.

Tip:
Es ist ratsam, die Tomatenbutter schon einige Stunden oder 1 Tag vorher zu bereiten.
Knusprigen Toast mit Tomatenbutter zu den Makrelen reichen.

Gefüllte geräucherte Makrele Melusinenhof

4 kleine Makrelen (je etwa 400 g)
Lake (siehe Seite 25)
40 g gehackte Mandeln
2 EL Butter
250 g frische Champignons
2 EL grüner (Madagaskar-)Pfeffer
4 EL feingehackte Petersilie, Salz
Öl zum Einfetten des Rostes

Die ausgenommenen, küchenfertigen Makrelen kalt abwaschen und etwa 8 Stunden in Lake (siehe Seite 25) legen.
Danach mit Küchenkrepp abtrocknen und zusätzlich an der Luft nachtrocknen lassen. Zu diesem Zweck die Makrelen mit der Bauchseite nach unten auf den Rost des Räuchergrills legen.
Die gehackten Mandeln in der geschmolzenen Butter hellgelb rösten, die gewaschenen, gut abgetropften und in Scheiben geschnittenen Champignons sowie den grünen Pfeffer und die Petersilie hinzugeben und auf mildem Feuer 5 Minuten dünsten. Mit Salz würzen.
Mit dieser Masse die Makrelen füllen und mit je 2 Rouladenspießchen zustecken.
Den Grillrost ölen und die Makrelen mit der Öffnung nach oben auf dem Rost verteilen und nach Vorschrift (siehe Seite 37) räuchern.

Tip:

Die fertig geräucherten Makrelen noch heiß mit Vollkornbrot, Butter und gemischtem Salat servieren.

Diese ungemein delikate Makrelenzubereitung gehört zu den Eßgenüssen, zu denen Sie nur kommen, wenn Sie den Fisch mit der faszinierenden Füllung selbst räuchern!

Rührei mit Räuchermakrele

1 geräucherte Makrele (siehe Seite 37)
2 EL Butter oder Margarine
5 Eier
Salz
schwarzer Pfeffer aus der Mühle
1 EL feingehackter Schnittlauch

Die Makrele (auch ein Bückling oder eine Räucherflunder sind geeignet) filieren, von allen Gräten befreien und in mundgerechte Stückchen zerteilen.

Das Fett in der Pfanne schmelzen lassen, die Fischstückchen hineingeben und erwärmen, jedoch nicht braten.

Die Eier mit Salz und Pfeffer verquirlen und über den Fisch gießen. Die Masse stocken lassen, auf einen vorgewärmten Teller legen, mit dem Schnittlauch bestreuen und sofort servieren.

Tip:

Dazu ganz nach Neigung knusprige Baguette oder Vollkornbrot reichen und ein kühles Bier bereithalten.

Räucherscholle mit Frühlings-Kartoffelsalat

4 geräucherte Schollen (siehe Seite 37)
1 kg neue Kartoffeln (Salatkartoffeln)
1 TL Kümmel
Salz
1 Zwiebel
3 EL Speiseöl
3 EL Kräuteressig
Salz
schwarzer Pfeffer aus der Mühle
1 Prise Zucker
½ Salatgurke
2 Bund Radieschen
1 kleine Paprikaschote
125 g Mayonnaise
1 Becher Joghurt
Zitronensaft
je ½ EL gehackter Dill, Kerbel, Petersilie, Schnittlauch

Die gewaschenen Kartoffeln mit Schale in wenig mit Kümmel gewürztem Salzwasser garen. Abgießen, abkühlen lassen und schälen. In Scheiben schneiden.

Die Zwiebel schälen und reiben. Mit dem Öl, dem Essig und den Gewürzen zu einer kräftig gewürzten Marinade rühren und diese über die Kartoffelscheiben gießen. Gut durchschwenken und 1 Stunde lang ziehen lassen.

Die Salatgurke, die Radieschen und die Paprikaschote waschen. Die Gurke schälen, die Radieschen putzen, die Paprikaschote entkernen. Alles in Würfel schneiden und zu den Kartoffeln geben.

Die Mayonnaise mit dem Joghurt und Zitronensaft verrühren und über den Salat gießen. Alles gut vermischen und 2 Stunden ziehen lassen.

Vor dem Anrichten mit den Kräutern überstreuen.

Zu den frischen, noch lauwarmen Schollen servieren.

Geräucherte Scholle mit Blattspinat

1 kg frischer Spinat (oder tiefgekühlt)
50 g Butter oder Margarine
1 feingehackte Zwiebel
Salz
geriebene Muskatnuß
4 geräucherte Schollen (siehe Seite 37; am besten und zartesten
sind die Maischollen)

Den Spinat kalt abwaschen, die dicken Stiele entfernen und mit kochendem Wasser übergießen. Danach kalt abspülen und abtropfen lassen.

Im zerlassenen Fett die Zwiebelwürfel hell andünsten, den Spinat hinzugeben und salzen. Etwa 10 Minuten dünsten lassen. Zuletzt mit Muskatnuß individuell abschmecken.

Die fertig geräucherten Schollen noch heiß in Filets teilen und Haut und Gräten entfernen.

Den Spinat auf vorgewärmte Teller verteilen, die Schollenfilets darüberlegen und dazu Kartoffelplätzchen oder Bratkartoffeln reichen.

Thymian-Räucherheilbutt mit Kräuterbutter

4 Scheiben Heilbutt (je 200 g)
1 große Gemüsezwiebel
Saft von 1 Zitrone
6 EL Speiseöl
1 TL gerebelter Thymian
½ TL Worcestersoße
Salz
weißer Pfeffer aus der Mühle
Öl zum Einfetten des Rostes
2 Schalotten
2 Knoblauchzehen
100 g Butter
1 EL feingehackte Kräuter (z. B. Dill, Kerbel, Petersilie)
Salz
schwarzer Pfeffer aus der Mühle
½ TL Zitronensaft
1 kleine Salatgurke

Die Heilbuttscheiben kalt waschen und mit Küchenkrepp gut abtrocknen.

Die Zwiebel schälen und in dünne Scheiben schneiden. Die Hälfte der Zwiebelscheiben auf einer Platte verteilen. Den Zitronensaft, das Speiseöl, den Thymian und die Worcestersoße miteinander verrühren und die Fischscheiben rundherum damit bestreichen.

Dann den Fisch auf die Zwiebelscheiben legen. Die restlichen Zwiebelscheiben darüberdecken und so den Fisch 2 Stunden marinieren lassen.

Danach den Fisch von den Zwiebeln befreien, mit Küchenkrepp trockentupfen und die Schnittflächen mit Salz und Pfeffer bestreuen.

Der Räuchervorgang:
Den Rost mit Öl bestreichen, umdrehen und die Fischscheiben zum Räuchern darauflegen.

Auf die Räuchermehlschale des elektrischen Räuchergeräts 150 g Buchenmehl verteilen und die Schale auf die unterste Leiste des Rächergerätes schieben. Den Thermostat auf 180 °C einstellen und den Wrasenschieber öffnen.

Den Fisch über der Fettauffangschale in den noch kalten Räucherofen schieben. Wenn das Räuchermehl zu glimmen beginnt, 1 Eßlöffel Räucherpulver »ROT« und 1 Eßlöffel gerebelten Thymian über das schwelende Räuchermehl streuen und etwa 10 Minuten lang räuchern, so daß der Fisch einen goldbraunen Farbton erhält.

Für die Kräuterbutter die Schalotten und die Knoblauchzehen schälen und im Mixer gut zerkleinern.

Die Butter schaumig rühren.

Das Zwiebel-Knoblauch-Gemisch und die gehackten Kräuter hinzufügen und abschmecken.

Die Gurke waschen und in Scheiben von ½ cm Stärke schneiden. Auf jede Gurkenscheibe ein Häufchen Butter geben (am besten mit der Spritztüte) und kalt stellen.

Die noch warmen Heilbuttschnitten auf vorgewärmten Tellern mit Pommes frites und gemischtem Salat servieren und auf jeden Teller eine Gurkenscheibe mit Kräuterbutter legen.

Räucherheilbutt mit Eier-Zitronen-Soße

4 Scheiben geräucherter Heilbutt
(siehe Seite 106; je etwa 200 g)
3 Eigelb
2 EL Zitronensaft
6 EL heiße Rinderfleischbrühe

Im Wasserbad die Eigelbe mit dem Zitronensaft schaumig schlagen. Nach und nach die heiße Fleischbrühe dazugeben, bis die Soße unter ständigem Schlagen dickschaumig geworden ist.

Die Soße getrennt zum Räucherfisch reichen.

Dazu gibt es in Butter geschwenkte Petersilienkartoffeln.

Geräucherte Seezungen mit Krabbensoße

2 EL Butter oder Margarine
2 EL Weizenmehl
⅛ l Fleischbrühe
⅛ l Milch
⅛ l süße Sahne
2 TL Zitronensaft
Salz
1 Prise Zucker
weißer Pfeffer aus der Mühle
100 g ausgepultes Krabbenfleisch
1 EL feingehackter Dill
4 geräucherte Seezungen (je etwa 300 g; siehe Seite 37)
4 Zitronenscheiben
2 Tomaten

Das Fett im Topf schmelzen lassen und unter Rühren darin das
Mehl hell anschwitzen.
Mit der Fleischbrühe, der Milch und der Sahne ablöschen.
Mit den Gewürzen pikant abschmecken und zuletzt die Krab-
ben und den gehackten Dill unterrühren.
Die geräucherten, noch warmen Seezungen auf vorgewärmte
Teller legen.
Die Soße über die Seezungen verteilen. Mit den Zitronenschei-
ben und Tomatenachteln garnieren.
Dazu körnig gekochten Reis reichen.

Geräucherte Lachsschnitten mit indischer Soße

4 geräucherte Lachsschnitten (je etwa 180 g; siehe Seite 37)
2 EL Butter
1 EL Curry
2 EL Weizenmehl
¼ l Milch
⅛ l Weißwein
⅛ l Sahne
Salz
1 Prise Zucker
1–2 TL Zitronensaft
2 EL Kokosraspeln
1 mittelgroße Banane
1 Strauß Petersilie

Die frisch geräucherten Lachsschnitten warm stellen und mit Alufolie abdecken.

Für die Soße die Butter im Topf schmelzen lassen, den Curry und das Mehl hineinrühren und hell anschwitzen. Mit der Milch, dem Weißwein und der Sahne ablöschen. Mit Salz, Zucker und Zitronensaft aromatisch abschmecken.

Die Kokosraspeln in einer Pfanne leicht hellgelb rösten.

Die Banane schälen und würfeln.

Beides unter die Soße rühren und ganz kurz aufkochen.

Die Soße zu den geräucherten Lachsschnitten servieren und körnigen Reis dazu reichen.

Nach Belieben Salat anbieten.

Geräucherte Lachskoteletts mit Safranreis

4 geräucherte Lachskoteletts (je etwa 180 g; siehe Seite 37)
⅛ l Sahne
¼ l trockener Weißwein
1 EL grüne Pfefferkörner
1 EL gehackte Dillspitzen
2 Eigelb
100 g Krabbenfleisch
Salz
1 Prise Zucker
4 Zitronenscheiben
4 Dillzweige
250 g Langkornreis
¼ TL Safran
2 EL Mandelblätter

Die frisch geräucherten Lachskoteletts auf einer Platte warm stellen und mit Alufolie überdecken.

Den Sud aus der Fettauffangschale in einen Topf geben und mit der Sahne und ⅛ l Weißwein aufkochen lassen.

Die zerdrückten Pfefferkörner und die Dillspitzen hinzufügen. Noch einmal aufkochen lassen.

Den Rest des Weißweins mit den Eigelben verquirlen und die Soße damit binden.

Das Krabbenfleisch hineingeben und nur noch heiß ziehen, aber nicht mehr kochen lassen. Mit Salz und Zucker abschmecken.

Die Fischkoteletts mit den Zitronenscheiben und den Dillzweigen garnieren.

Den kalt abgespülten Reis in ¾ l kochendes Salzwasser geben, den Safran hinzufügen, umrühren und körnig ausquellen lassen.

Wenn der Reis gegart ist, in eine Schüssel geben und mit den goldgelb gerösteten Mandelblättern überstreuen.

Den Reis und die Soße zum Fleisch reichen.

Räucherforellen in Ginmayonnaise

4 geräucherte Forellen
1 Strauß Petersilie
250 g fettarme Salatmayonnaise
½ Becher Magerjoghurt
1 TL Zitronensaft
Salz
schwarzer Pfeffer aus der Mühle
1 Prise Zucker
1–2 EL Gin

Die noch warmen Räucherforellen filieren und die Filets auf einer vorgewärmten Platte, mit der gewaschenen Petersilie garniert, anrichten.

Die vorher kalt gestellte Mayonnaise mit dem Joghurt verrühren und mit dem Zitronensaft und den Gewürzen pikant abschmecken.

Als letztes den eiskalten Gin dazugeben und damit mehr oder minder kräftig »parfümieren«.

Die Mayonnaise zu den Forellenfilets reichen und dazu knuspriges Baguette anbieten.

Tip:
Als Variante die Forellenfilets allein anrichten, mit der Mayonnaise übergießen und zuletzt mit der Petersilie garnieren.

Forellenfilets im Eiermantel

2 mittelgroße geräucherte Forellen (siehe Seite 35)
200 g Weizenmehl
½ l Mineralwasser oder Bier
Salz
schwarzer Pfeffer aus der Mühle
8 Eier
150 g Butter oder Margarine
125 g Preiselbeerkompott
Fett zum Ausreiben der Auflaufform
1 EL sehr fein gehackte Petersilie

Die Räucherforellen enthäuten, filieren und von den Gräten befreien. Jedes Filet halbieren.

Das Mehl mit Mineralwasser oder Bier unter Beigabe von Salz und Pfeffer mit den Eiern zu einem glatten Teig verrühren. Zum Ausquellen 1 Stunde stehen lassen.

In der heißen Pfanne jeweils ½ Eßlöffel Fett schmelzen lassen und nacheinander insgesamt 8 Eierkuchen auf beiden Seiten goldgelb backen und etwas abkühlen lassen.

Jeden Eierkuchen auf einem seitlichen Drittel mit einem halbierten Forellenfilet belegen und mit je 1 Eßlöffel Preiselbeerenkompott überstreichen.

Dieses gefüllte Drittel mit dem restlichen Eierkuchen umwickeln und in eine gefettete große flache Auflaufform (evtl. auch auf ein Backofenblech) legen.

Das restliche Fett in der Pfanne schmelzen, die feingehackte Petersilie hineinrühren und mit dieser Masse die Oberfläche der Eierkuchen bestreichen.

Die Auflaufform entweder in den Grill oder auf die oberste Schiebeleiste des auf 250 °C vorgeheizten Backofens (Heißluftherd 200 °C Gasherd Stufe 6) setzen und etwa 5 Minuten überbacken.

Hechtklößchen mit Sardellensoße

500 g geräuchertes Hechtfleisch (siehe Seite 37)
2 Eiweiß (von mittelgroßen Eiern)
2 EL Semmelbrösel
Sahne nach Bedarf
Salz
schwarzer Pfeffer aus der Mühle
1 l Fleischbrühe
2 EL Butter
2 EL Weizenmehl
¼ l Milch
⅛ l Sahne
50 g Sardellenbutter
Salz
Cayennepfeffer
Zitronensaft
1 EL feingehackte Dillspitzen

Das geräucherte Hechtfleisch mit dem Mixquirl pürieren und mit dem steifgeschlagenen Eiweiß, den Semmelbröseln und eventuell etwas Sahne zu einer geschmeidigen Masse verarbeiten. Mit Salz und Pfeffer abschmecken. Den Fischteig nun mindestens 1 Stunde im Kühlschrank ruhen lassen.

Danach mit feuchten Händen kleine Klößchen formen, diese in die leicht kochende Fleischbrühe geben und 10 Minuten garen lassen. Dabei zuerst ein Probeklößchen kochen. Falls es zerfällt, zusätzlich Semmelmehl in die Masse kneten.

Die fertigen Klößchen aus der Brühe nehmen, abtropfen lassen und in einer bereits vorgewärmten Schüssel warm stellen.

Für die Soße die Butter in einem Topf schmelzen lassen und mit Zugabe von Mehl eine helle Schwitze bereiten. Mit der Milch und der Sahne ablöschen und 5 Minuten bei schwacher Hitze leicht kochen lassen. Falls die Soße zu dick wird, noch Milch oder Sahne hinzufügen.

Nach und nach die Sardellenbutter unterziehen und die Soße mit Salz, Cayennepfeffer und Zitronensaft abschmecken.

Zuletzt die Dillspitzen dazugeben und die Soße über die Hechtklößchen gießen.
Dazu körnigen Reis reichen.

Karpfenfilets mit Meerrettichsahne

800 g geräuchertes Karpfenfilet (siehe Seite 38)
4 grüne Salatblätter
1 Becher Sahne (175 g)
1 TL Zitronensaft
1 EL frisch geriebener Meerrettich
1 Prise Zucker
1 Prise Salz
1 Prise Cayennepfeffer

Das Karpfenfilet in 4 Portionsstücke teilen.
Die gewaschenen und abgetropften Salatblätter auf einer Platte auslegen und die Karpfenstücke darauf anordnen.
Die steif geschlagene Sahne mit Zitronensaft und geriebenem Meerrettich nach Geschmack verrühren. Mit den Gewürzen fein abschmecken. Die Meerrettichsahne in kleine Muscheln füllen und die Karpfenstücke damit umrahmen.

Tip:
Das geräucherte Karpfenfilet kann warm oder kalt serviert werden. Ist es frisch geräuchert und noch warm, werden dazu Salzkartoffeln, flüssige Butter und grüner Salat gereicht. Zum kalten Karpfenfleisch Toast und Butter servieren.

Karpfenhörnchen

1 Paket tiefgekühlter Blätterteig
400 g geräuchertes Karpfenfleisch ohne Haut und Gräten
(siehe Seite 38)
4 EL feingehackte Zwiebelwürfel
2 EL Butter oder Margarine
2 EL gehackte Kräuter (Dill, Kerbel, Petersilie)
4 EL süße Sahne
4 EL ungesüßte Zwiebackbrösel
Salz
weißer Pfeffer aus der Mühle
Mehl zum Ausrollen des Blätterteigs
1 Eigelb

2 Rechtecke des Blätterteigs auftauen lassen. Das geräucherte Karpfenfleisch im Mixgerät pürieren.
Die Zwiebelwürfel im geschmolzenen Fett hell andünsten.
Die Pfanne vom Feuer nehmen und die Zwiebelwürfel mit dem Karpfenfleisch, den Kräutern, der Sahne und den Zwieback-brösen in einem Topf mischen und mit Salz und Pfeffer pikant abschmecken. Diese Masse etwa 10 Minuten ruhen lassen, so daß die Zwiebackbrösel quellen können.
Die beiden Blätterteigrechtecke auf einer bemehlten Arbeits-platte dünn ausrollen. Mit einem Teigrädchen jedes Rechteck diagonal durchschneiden, so daß 4 ungleichmäßige Dreiecke entstehen.
Auf die breite Seite jedes Dreiecks 4 Häufchen von der kalten Farce verteilen. Die Längsseiten über die Fischmasse schlagen und den Blätterteig zur Spitze hin zusammenrollen, so daß ein Hörnchen entsteht.
Die Oberfläche mit dem Eigelb bestreichen und die Hörnchen auf ein mit kaltem Wasser abgespültes Backblech legen. Dort 10 Minuten ruhen lassen.
Auf der obersten Schiebeleiste des auf 220 °C vorgeheizten Backofens (Heißluftherd 180 °C, Gasherd Stufe 4–5) 15 Minu-ten goldgelb backen.

Tip:
Die Hörnchen schmecken gut zu trockenem Weißwein. Dazu kann auch Salat gereicht werden.

Räucheraalomelett

4 Eier
Salz
schwarzer Pfeffer aus der Mühle
75 g Weizenmehl
⅛ l Milch
2 TL Speiseöl
Fett zum Ausbacken
2 EL Zitronensaft
200 g Räucheraal ohne Haut und Gräten (siehe Seite 38)
8 gefüllte Oliven

Die Eier mit den Gewürzen, dem Mehl, der Milch und dem Öl verquirlen.
Im heißen Fett von dieser Masse 4 Omeletts auf beiden Seiten goldgelb backen. Die Oberfläche mit dem Zitronensaft leicht beträufeln.
Das Aalfleisch und die Oliven in dünne Scheiben schneiden und auf die Omeletts verteilen, die dann zusammengeklappt werden.

Räucheraal in Dillreiscreme

800 g Räucheraal (siehe Seite 38)
2 EL Butter
2 mittelgroße Zwiebeln
2 mittelgroße Möhren
1 Fenchelknolle
250 g Langkornreis
1 EL Curry
½ l Fleischbrühe
⅛ l herber Weißwein
⅛ l saure Sahne
2 EL feingehackte Dillspitzen
Salz
weißer Pfeffer aus der Mühle

Den frisch geräucherten Aaal enthäuten, von Kopf und Gräten befreien und in Stücke von etwa 3 cm Länge schneiden. In eine Schüssel geben, mit Alufolie bedecken und warm stellen.
Die Butter im Topf schmelzen lassen. Die Zwiebeln schälen und in Würfelchen schneiden, die Möhren putzen, waschen und in Streifen schneiden, die Fenchelknolle putzen und zerteilen. Das Gemüse in der Butter anrösten.
Den gewaschenen, abgetropften Reis dazugeben und 5 Minuten mitdünsten. Mit dem Curry durchrühren und mit der kochenden Fleischbrühe und dem Weißwein auffüllen. 20 Minuten langsam garen lassen.
Die saure Sahne, die erwärmten Aalstücke und die Dillspitzen vorsichtig unterrühren und noch einmal leicht erhitzen. Mit Salz und Pfeffer abschmecken.

Räuchermuscheln mit Schnittlauchsoße

2 kg Mies- oder Pfahlmuscheln
(nur zwischen September und März/April erhältlich)
¼ l Wasser
Salz
1 Lorbeerblatt
5 Pimentkörner
2 Schalotten
2 EL feingehackte Petersilie
3 hartgekochte Eigelb
Saft von ½ Zitrone
1 TL Senf
¼ l Speiseöl
Salz
schwarzer Pfeffer aus der Mühle
1 Prise Zucker
2 EL feingehackter Schnittlauch
1 TL feingehackte Kapern

Die Muscheln unter fließendem kaltem Wasser gründlich waschen und den Bart entfernen und abbürsten. Etwa schon geöffnete Muscheln wegwerfen.

Die guten Muscheln mit Wasser, Salz, dem Lorbeerblatt, den Pimentkörnern und den geschälten Schalotten in einem geschlossenen Topf zwischen 5 und 10 Minuten garen, bis die Muschelschalen sich geöffnet haben. Dabei den Topf öfter rütteln.

Die Muscheln herausnehmen, gut abtropfen und trocknen lassen. Die noch geschlossenen Muscheln aus den Schalen lösen, von der anderen Hälfte lediglich die Deckelschalen entfernen. Zu der noch in der halben Schale befindlichen Muschel jeweils eine bereits ganz ausgelöste legen, so daß sich 2 Muscheln in einer Halbschale befinden.

Den Rost des Räuchergeräts umdrehen und mit einem dichten Maschendraht belegen bzw. ein Gitter darauf anbringen, so daß die Muscheln daraufgelegt werden können, ohne durchzufallen. Räuchern nach Art der Matjesheringe (siehe Seite 36), etwa 10 Minuten lang.

Die Muscheln vom Rost nehmen und vor dem Anrichten mit Petersilie überstreuen.

Für die dazugehörige Schnittlauchsoße die harten Eigelbe durch ein Sieb streichen und mit dem Zitronensaft und dem Senf verrühren. Anschließend das Öl tropfenweise unterrühren, so daß eine glatte Soße entsteht.

Mit den Gewürzen pikant abschmecken und zuletzt die Schnittlauchröhrchen und die Kapern unter die Soße mengen, die zu den Muscheln gereicht wird.

Tip:
Dazu knuspriges Weißbrot (Baguette) reichen und einen trockenen Weißwein anbieten.

Geräuchertes paßt gut zu Salaten

Räucherfischsalat

400 g Fischfilet nach Ihrer Wahl (zum Räuchern siehe entsprechendes Grundrezept)
1 Paprikaschote
1 aromatischer Apfel
1 Gewürzgurke
1 hartgekochtes Ei
1 EL Kapern
2 Tassen körnig gekochter wilder Reis
150 g Mayonnaise, 1 Becher Joghurt
1–2 TL Zitronensaft
Salz, Pfeffer aus der Mühle
6 gefüllte Oliven

Das Fischfilet von den letzten Gräten befreien und in mundgerechte Stücke zerpflücken.
Die Paprikaschote und den Apfel waschen. Die Paprikaschote entkernen. Den Apfel schälen, vom Kerngehäuse und der Blüte befreien. Den Apfel, die Paprika, die Gewürzgurke und das gepellte harte Ei in Würfel schneiden. Alles mit den Kapern und dem vorgekochten Reis vorsichtig mischen.
Die Mayonnaise und den Joghurt verrühren und pikant mit Zitronensaft, Salz und Pfeffer abschmecken. Die Soße über den Salat gießen.
Kurz im Kühlschrank ziehen lassen und vor dem Servieren mit den halbierten Oliven garnieren.

Räucherfisch-Obstsalat

350 g geräuchertes Fischfilet
2 ungespritzte Orangen
1 Banane
2 aromatische Äpfel
1 Kiwi
150 g Mayonnaise
½ Becher Joghurt
Saft von 1 Zitrone
50 g feingehackte Walnüsse
4 Walnußkerne

Das geräucherte Fischfilet von den kleinen Gräten befreien und in mundgerechte Stückchen zupfen.

Die Orangen halbieren, das Fruchtfleisch vorsichtig herauslösen und in kleine Stücke teilen. Die ausgehöhlten Orangenschalen aufheben.

Die Banane schälen und in halbierte Scheiben schneiden. Die Äpfel schälen, vom Kerngehäuse, Blüte und Stiel befreien und in Streifen teilen.

Die Kiwi schälen und 4 dünne Scheiben für die Garnitur aufheben, den Rest würfeln. Alle Obstzutaten miteinander mischen und die Fischstückchen hinzumengen.

Für die Soße die Mayonnaise mit dem Joghurt, dem Zitronensaft und den gehackten Nüssen verrühren. Über den Salat geben und vorsichtig umrühren.

Den Salat in die ausgehöhlten Orangenschalen füllen und mit je 1 Kiwischeibe und 1 Walnußkern verzieren.

Pikanter Bücklingssalat

2 Bücklinge
2 aromatische Äpfel
2 Tomaten
2 Gewürzgurken
50 g Mayonnaise
⅛ l Sahne
Salz
schwarzer Pfeffer aus der Mühle
Curry
1 Strauß Petersilie
2 Tomaten

Die Bücklingsfilets lösen und von allen Gräten befreien. Danach in mundgerechte Stückchen zupfen.
Die Äpfel und die Tomaten waschen. Die Äpfel von Stiel, Blüte und Kerngehäuse befreien und in Würfel schneiden.
Die Tomaten und die Gewürzgurken ebenfalls in Würfel zerteilen. Alles miteinander vermengen.
Die Mayonnaise mit der Sahne und den Gewürzen verrühren und die Salatsoße pikant abschmecken, wobei das Curryaroma beliebig kräftig sein kann.
Die Soße vorsichtig unter den Salat heben und ihn mit den Petersilienzweigen und den in Achtel geschnittenen Tomaten garnieren.

Pikanter Nudelsalat

250 g gebrochene Makkaroni
Salz
2 EL Speiseöl
1 große Zwiebel
4 Tomaten
4 geräucherte Bratwürste (siehe Seite 42)
8 schwarze Oliven
8 mit Paprika gefüllte Oliven
1 EL Kapern
1 Knoblauchzehe
4 EL Speiseöl
3 EL Kräuteressig
1 TL milder Senf
schwarzer Pfeffer aus der Mühle
1 Prise Zucker
1 EL feingehackte Petersilie
1 EL feingehackter Salbei
½ Kopf Endiviensalat

Die Makkaroni in reichlich kochendem Salzwasser mit 2 Eßlöffel Öl etwa 12 Minuten garen. Auf ein Sieb schütten, mit kaltem Wasser abbrausen und gut abtropfen lassen.
Die Zwiebel schälen und fein hacken. Die gewaschenen Tomaten in mundgerechte Stücke schneiden. Die geräucherten Bratwürste in Scheiben teilen. Die schwarzen Oliven halbieren und entkernen. Diese Zutaten zusammen mit den ganzen gefüllten Oliven und den Kapern in einer Schüssel durchmischen.
Für die Marinade die Knoblauchzehe schälen und zerdrücken und mit dem Öl, dem Essig, dem Senf, Pfeffer, dem Zucker, Salz und den Kräutern verrühren.
Die Marinade über den Salat geben, gut durchschwenken und 2 Stunden durchziehen lassen.
Den Endiviensalat putzen, waschen und abtropfen lassen. Auf eine Platte verteilen und den Nudelsalat auf dem Salatbett anrichten. Dazu Toast mit Butter reichen.

Wurstsalat

500 g geräucherte Würstchen (siehe Seite 42)
2 Zwiebeln
3 Tomaten
3 geräucherte Eier (siehe Seite 44)
1 Knoblauchzehe
1 EL Kapern
3 EL Weinessig
1 EL Senf
Salz
schwarzer Pfeffer aus der Mühle
1 TL Oregano
4 EL Speiseöl
1 EL feingehackte Petersilie

Die Würstchen in Scheiben schneiden. Die Zwiebeln schälen und in Streifen schneiden. 2 Tomaten waschen und in Achtel teilen. 2 harte geräucherte Eier pellen und in Viertel schneiden. Eine Schüssel mit der geschälten Knoblauchzehe ausreiben. Die zerkleinerten Zutaten hineinschichten und mit den Kapern überstreuen.
Für die Marinade den Weinessig mit dem Senf, Salz, Pfeffer, dem Oregano und dem Öl zu einer sämigen Soße verrühren. Diese Marinade über den Salat gießen und alles mischen.
2 Stunden im Kühlschrank durchziehen lassen. Vor dem Servieren mit Petersilie überstreuen.
Die restliche Tomate und das restliche Ei in Viertel schneiden und den Salat damit garnieren.

Tip:
Der Salat kann als Beigabe zu Pellkartoffeln eine warme Hauptmahlzeit, mit Weißbrot und Butter eine kalte Mahlzeit sein.

Eiersalat »Indien«

6 geräucherte Eier (siehe Seite 44)
2 reife Bananen
4 Scheiben Ananas (frisch oder abgetropft aus der Dose)
50 g Mayonnaise
4 EL saure Sahne
1–2 TL Zitronensaft
1–2 TL Curry
Salz
Zitronengras (indisches Gewürz)
Mango-Chutney

Die Eier und die geschälten Bananen in Scheiben schneiden.
Die Ananas in Stückchen zerteilen und alles miteinander
vermischen.
Die Mayonnaise mit der sauren Sahne, dem Zitronensaft und
den Gewürzen pikant abschmecken und über den Salat gießen.
Leicht durchrühren.
Vor dem Anrichten zierlich mit Mango-Chutney garnieren.

Geflügelsalat »Marokko«

2 geräucherte Hähnchenkeulen (siehe Seite 42)
1 geräucherte Hähnchenbrust (siehe Seite 42)
250 g frische Feigen
2 Orangen
2 Scheiben frische Ananas
1 aromatischer Apfel
75 g Salatmayonnaise
1 Becher Crème fraîche
3 EL frisch ausgepreßter Orangensaft
Salz
weißer Pfeffer aus der Mühle
½ TL Worcestersoße
4 große Salatblätter
2 EL feingehackte, angeröstete Pistazienkerne

Das Hähnchenfleisch von den Knochen lösen, die Haut abziehen und das Fleisch in mundgerechte Stücke schneiden.
Die Feigen waschen und in Streifen schneiden. Die Orangen, die Ananasscheiben und den Apfel schälen und in Stücke schneiden.
Die Mayonnaise mit der Crème fraîche und dem Orangensaft verrühren, mit Salz, Pfeffer und der Worcestersoße kräftig pikant abschmecken und unter die Zutaten mischen.
Die Salatblätter waschen, abtropfen lassen und auf 4 Glasschalen verteilen. Den Geflügelsalat in 4 Portionen daraufhäufen und mit den Pistazienkernen bestreuen.
Dazu knuspriges Baguette reichen.

Salat von Hähnchenbrust

250 g geräucherte Hähnchenbrust (siehe Seite 42)
3 Stauden Chicorée
1 großer, aromatischer Apfel
2 Orangen
2 EL gehackte Wal- oder Haselnüsse
Saft von 1 Zitrone
1 Becher Crème fraîche
2 EL Apfelsaft
½ TL Curry
1 Prise Salz
1 Prise Zucker
schwarzer Pfeffer aus der Mühle
2 EL Kresse

Die geräucherte Hähnchenbrust in dünne Streifen schneiden. Den Chicorée und den Apfel waschen. Den Chicorée in Scheiben schneiden. Den Apfel von Blüte, Stiel und Kerngehäuse befreien und in Würfel schneiden. Die Orangen schälen, in kleine Stückchen zerteilen. Alles mit den Nüssen mischen. Den Zitronensaft mit der Crème fraîche und dem Apfelsaft verrühren. Mit den Gewürzen abschmecken.
Die Soße über den Salat gießen und ganz leicht durchmischen.
Vor dem Anrichten mit Kresse überstreuen.

Allerlei aus dem Rauch für die kalte Küche

Bücklingstoast

2 Bücklinge (siehe Seite 96)
4 Scheiben Toastbrot
2 EL Butter
4 Scheiben Ananas (aus der Dose)
4 Scheiben Schnittkäse
4 schwarze Oliven
Pistazienkerne
edelsüßer Paprika

Die Bücklinge in Filets teilen, die nach dem Lösen von den Gräten halbiert werden.

Das Toastbrot anrösten, mit der Butter bestreichen und die Bücklingsfilets darauf verteilen.

Auf jeden Toast 1 Scheibe gut abgetropfte Ananas legen und darüber 1 Scheibe Schnittkäse. In die Mitte 1 Olive setzen und außerdem den Käse mit einigen Pistazienkernen garnieren.

In den vorgeheizten Grill geben und überbacken, bis der Käse leicht zerläuft. Aus dem Grill nehmen und vor dem Servieren mit Paprika überstäuben.

Geräucherte Schweineschnitzel auf Toast

4 Scheiben Toastbrot
40 g Kräuterbutter
2 geräucherte Schweineschnitzel (je etwa 120–150 g;
siehe Seite 40)
2 Kiwis
4 Scheiben Emmentaler Käse
edelsüßer Paprika
4 Zweige Petersilie

Die Toastscheiben auf einer Seite rösten und die ungeröstete Seite mit Kräuterbutter bestreichen.
Die Schnitzel halbieren und auf die Toastscheiben verteilen.
Die Kiwis schälen, in dünne Scheiben schneiden und diese über die Schnitzel verteilen. Je 1 Scheibe Emmentaler darüber legen.
Im vorgeheizten Grill oder in dem auf 200 °C vorgeheizten Backofen (Heißluftherd 160 °C, Gasherd Stufe 4) so lange überbacken, bis der Käse zu schmelzen beginnt.
Zuletzt mit Paprika überstäuben und mit der Petersilie garnieren.

Toast mit Ćevapčići

4 Scheiben Toastbrot
40 g Butter
1 EL Senf
4 vorgeräucherte Ćevapčići (zusammen 250 g; siehe Seite 74)
1 grüne Paprikaschote
4 Scheiben Käse

Die Toastscheiben auf einer Seite rösten und die ungeröstete Seite mit der Butter und dem Senf bestreichen.
Die Ćevapčići in Scheiben schneiden und die Toastscheiben damit belegen.

Die Paprikaschote waschen, von den Kernen befreien und in Ringe schneiden. Die Paprikaringe über die Ćevapčići verteilen, je 1 Scheibe Käse und je 1 restlichen Paprikaring darauflegen.

Den Grill vorheizen oder den Backofen auf 200 °C vorheizen (Heißluftherd 160 °C, Gasherd Stufe 4) und den Toast darin 5 Minuten überbacken. Heiß servieren.

Eiertoast

4 Scheiben Toastbrot
40 g Butter
4 geräucherte Eier (siehe Seite 44)
4 Tomaten
Salz
schwarzer Pfeffer aus der Mühle
4 Scheiben Käse (Emmentaler, Edamer oder Gouda)
edelsüßer Paprika
2 EL feingehackter Schnittlauch

Die Toastscheiben auf einer Seite rösten und die ungeröstete Seite mit der Butter bestreichen.

Das Toastbrot abwechselnd mit den in Scheiben geschnittenen Eiern und Tomaten belegen und mit Salz und Pfeffer überstreuen. Je 1 Scheibe Käse darüberlegen.

Im Grill oder in dem auf 200 °C vorgeheizten Backofen (Heißluftherd 160 °C, Gasherd Stufe 4) auf der obersten Schiebeleiste überbacken, bis der Käse zu schmelzen beginnt. Herausnehmen, den Käse mit Paprika überstäuben und den gehackten Schnittlauch lose darüber verteilen.

Sesam-Hackfleisch-Brötchen

4 Sesambrötchen
Remoulade
4 geräucherte Hackfleischbuletten (siehe Seite 73)
Ketchup nach Geschmack

Die Brötchen zu drei Vierteln aufschneiden, so daß Deckel und
Unterseite an einer Seite noch zusammenhängen.
Die Schnittflächen dick mit Remoulade überstreichen und die
Buletten dazwischenlegen. Dazu ein beliebiges Ketchup
reichen.

Geflügelschnitte »Lukullus«

4 Scheiben deftiges Graubrot
40 g Butter
4 Blätter Kopfsalat
4 geräucherte Hähnchenbrüste (siehe Seite 44)
marinierte rote Paprikastreifen
Mayonnaise aus der Tube
16 Walnußkerne

Die Brotscheiben mit Butter bestreichen und die gewaschenen
und gut abgetropften Salatblätter darauflegen.
Die Hähnchenbrüste auf den Salat setzen und appetitlich mit
den Paprikastreifen, den Tupfern von Mayonnaise und den
Walnußkernen garnieren.

Tip:
Dieser handfeste Imbiß kann eine Mahlzeit ersetzen.

Räucheraal-Brot mit Rührei

4 Scheiben Schwarzbrot
Butter zum Bestreichen
1–2 kleine geräucherte Aale (je nach Größe; siehe Seite 38)
4 Eier
4 EL Sahne
Salz
15 g Butter
schwarzer Pfeffer aus der Mühle
2 EL feingehackter Schnittlauch

Die Schwarzbrotscheiben mit Butter bestreichen.
Die Aale in Stücke schneiden, die in der Länge zu den Brotscheiben passen; von Haut und Gräten befreien.
Je 2 Stücke Aalfleisch auf jede Brotscheibe legen.
Die Eier mit der Sahne und Salz verquirlen.
Die Butter in der Pfanne schmelzen. Die Eiermasse hineinschütten und unter ständigem Rühren die Eier stocken lassen.
Das Rührei über den Aal verteilen. Den Pfeffer darübermahlen und zuletzt mit den Schnittlauchröllchen überstreuen.

Forellen-Meerrettich-Brot

4 Scheiben Schwarzbrot
Butter zum Bestreichen
4 Blätter grüner Salat
4 geräucherte Forellenfilets (siehe Seite 35)
4 EL Sahnemeerrettich
2 EL geröstete Mandelblätter

Die Schwarzbrotscheiben mit Butter bestreichen und auf jede Scheibe 1 gewaschenes und gut abgetropftes Salatblatt legen.
Auf das Salatblatt eines der Forellenfilets setzen.
Mit dem Sahnemeerrettich betupfen und mit den Mandelblättern überstreuen.

Geräucherte Matjesfilets auf Bauernschnitten

4 Scheiben Bauernbrot
40 g Butter
1 kleine Salatgurke
Salz
2 EL feingehackte Dillspitzen
6 geräucherte Matjesheringe (siehe Seite 36)
2 Tomaten
weißer Pfeffer aus der Mühle
2 EL feingewürfelte Zwiebeln
2 EL in Scheiben geschnittene gefüllte Oliven

Die Brotscheiben mit Butter bestreichen. Die Salatgurke schälen, in dünne Scheiben schneiden und die Butterbrote damit gleichmäßig belegen. Das Salz und die Dillspitzen darüberstreuen.
Die Matjesheringe in Filets zerteilen und auf jede der Brotscheiben 3 Filets verteilen.
Die Tomaten waschen, in dünne Scheiben schneiden, auf den Filets verteilen, mit dem Pfeffer übermahlen und zuletzt mit den gewürfelten Zwiebeln und den Olivenscheiben garnieren.
Dazu werden klarer Schnaps und Bier gereicht.

Geräucherte Eier, rustikal

8 hartgekochte, geräucherte Eier (siehe Seite 44)
Salz
Pfeffer
Senf
Rosenpaprika
Ketchup
Mayonnaise
Remoulade
Chilisoße
Tomatenmark oder anderes

Die Eier (warm oder kalt) der Länge nach halbieren. Die Eigelbe vorsichtig herausheben und mit der Gabel mit Geschmacksgebern verschiedener Art verrühren. Der individuelle Geschmack hat dabei volle Freiheit.

Die würzige Masse in die Eiweißhälften füllen, eventuell mit dem Spritzbeutel.

Dazu deftiges Vollkornbrot mit Butter und ein handfestes Getränk, wie Bier oder Aquavit.

Russische Räuchereier

1½ Packung Erbsen und Karotten, tiefgekühlt
(zusammen 450 g)
Salz
125 g Mayonnaise
½ Becher Joghurt
1–2 TL Zitronensaft
1 Prise Zucker
schwarzer Pfeffer aus der Mühle
8 geräucherte Eier (siehe Seite 44)
Zur Garnitur:
Kaviar, Sardellen, Anschovisfilets, Tomatenachtel oder Petersilie

Die Erbsen und Möhren aus der Packung in wenig Salzwasser nicht zu weich garen. Das Kochwasser abgießen und das Gemüse gut abtropfen und abkühlen lassen.

Die Mayonnaise und den Joghurt verrühren und mit Salz, dem Zitronensaft, dem Zucker und Pfeffer abschmecken. Diese Masse mit dem Gemüse zu einem schmackhaften Gemüsesalat vermischen.

Den Salat in eine flache Schüssel füllen, die Eier beliebig halbieren und den Salat damit belegen.

Die Eier je nach Zutaten garnieren und dazu Toast oder Vollkornbrot und Butter servieren.

Bücklinge (oder Räuchermakrelen) garniert

4 Bücklinge oder Makrelen (siehe Seite 96)
1 Bund Radieschen
1 Bund Schnittlauch
1 Strauß Petersilie
1 ungespritzte Zitrone

Von den Bücklingen oder Räuchermakrelen lediglich die Mittelgräte entfernen, jedoch die Haut als Umhüllung lassen.
Den zusammengefügten Fisch mit der Hautseite nach oben auf einem Brett anrichten.
Die Radieschen waschen, putzen, in Scheiben schneiden und die Fische damit belegen. Den gewaschenen Schnittlauch in Röhrchen schneiden und die Fische damit überstreuen.
Rings um die Fische Petersilienzweige und in Scheiben oder Achtel geschnittene Zitronen auslegen.
Mit deftigem Vollkornbrot und Butter anrichten und als Getränk dazu Bier reichen.

Muschelsnacks

12 runde Pumpernickelscheiben
1 Tube Remoulade
2–3 geräucherte Eier (siehe Seite 44)
24 geräucherte Muscheln ohne Schalen
6 mit Paprika gefüllte Oliven

Die Pumpernickelscheiben mit Remoulade bestreichen. Die geräucherten Eier in Scheiben schneiden und je 1 Scheibe Ei auf die Remoulade setzen.
In die Mitte der Eischeibe noch einen Tupfer Remoulade setzen und 2 Muscheln leicht hineindrücken.
Die Mitte der Muschel erneut mit der Remoulade betupfen und ½ Olive als Hütchen daraufsetzen.

Gefülltes Bauernbrot

1 Laib Bauernbrot (500 g)
125 g Hackfleisch
100 g Brät (Bratwurstfüllung)
50 g gewürfelter Emmentaler Käse
1 Gewürzgurke
1 Zwiebel
1 Knoblauchzehe
1 rote Paprikaschote
1 EL geröstete Pistazienkerne
2 EL feingehackter Petersilie
3 Eier
Salz, schwarzer Pfeffer
Rosenpaprika
1 TL Oregano
½ geräuchertes Schweinefilet (etwa 200 g; siehe Seite 40)

Das Bauernbrot halbieren und aushöhlen. Die Hälfte des Brotinneren in Würfel schneiden und mit dem Hackfleisch, dem Brät, den Käsewürfeln, der in Würfel geschnittenen Gewürzgurke, der geschälten und gehackten Zwiebel und Knoblauchzehe, der gewaschenen, entkernten und gewürfelten Paprikaschote, den Pistazienkernen, der Petersilie und den Eiern zu einem Teig verkneten.

Mit Salz, Pfeffer, Rosenpaprika und Oregano würzen und die beiden ausgehöhlten Brothälften mit der Masse füllen. In die Mitte des Fleischteiges das Schweinefilet drücken und beide Hälften mit den Schnittflächen zueinander zusammensetzen.

Das gefüllte Brot in Alufolie wickeln. Den Backofen auf 200 °C vorheizen und das Brot auf der 2. Schiebeleiste von oben 50 Minuten backen (Heißluftherd 160 °C, Gasherd Stufe 4).

Tip:
Das Brot kann heiß oder abgekühlt in Scheiben geschnitten gegessen werden. Dazu Salat und ein Bier servieren.

Festliche Räucherfischplatte

1 Bückling
1 geräucherte Forelle
1 geräucherte Makrele
1 geräucherter kleiner Aal
2 geräucherte Matjesfilets
1 Apfel
Saft von 1 Zitrone
1 Eisbergsalat
150 g Muschelfleisch
1 Scheibe Zitrone
3 Eier
Salz
1 EL Butter
schwarzer Pfeffer aus der Mühle
2 Tomaten
¼ Melone
50 g Walnußkerne
Dillzweige

Die Räucherfische (Bückling, Forelle, Makrele und Aal) enthäuten und in Filets teilen, die gründlich von Gräten befreit werden. Die Matjesfilets in mundgerechte Stücke teilen.
Den gewaschenen Apfel von Blüte, Stiel und Kerngehäuse befreien, in Scheiben schneiden und mit Zitronensaft beträufeln.
Den Eisbergsalat putzen, waschen und abtropfen lassen. Eine große Platte damit auslegen. In die Mitte das Muschelfleisch häufen und mit 1 Zitronenscheibe verzieren. Ringsherum Bücklings-, Forellen- und Makrelenfilets anordnen. Die Matjesfilets und die Apfelscheiben mischen und dazu anrichten.
Die Eier mit Salz verquirlen.
Die Butter in der Pfanne schmelzen lassen, die Eimasse hineingeben und unter Rühren stocken lassen. Das Rührei ebenfalls auf die Salatplatte legen, mit Pfeffer übermahlen und die Apfelstückchen daraufsetzen. Zuletzt alles mit Tomatenachteln, Melonenkugeln, den Walnußkernen und Dillzweigen garnieren.

Bezugsquellen

Dies ist verständlicherweise nur eine kleine Auswahl von Herstellungs- und Versandfirmen. Aber Sie kommen damit bestimmt weiter. Sie soll Ihnen helfen, wenn Sie in Ihrem Wohnort keine Räuchergeräte oder -zutaten erhalten. Die Reihenfolge ist alphabetisch.

Apparatebau Günther Kronawitter, Industriegebiet 2,
   8357 Wallersdorf
   Tel. 0 99 33 / 4 69 + 83 22
Räuchergeräte, Räuchermehl

W. u. O. Dittmann, Pelzerstr. 4, 2000 Hamburg 1
   Tel. 0 40 / 32 40 32 + 32 69 85
Räuchergeräte, Räuchermehl, Zubehör

Fischzucht Volkstorf Manzke, Postfach 2204, 2120 Lüneburg
   Tel. 0 41 31 / 12 85 94
Räuchergeräte, Räuchermehle, Zubehör

Kahler Gewürze, Germaniastr. 29/30, 1000 Berlin 42
   Tel. 0 30 / 7 51 40 11
Räucherpulver »ROT«

W. Niedermeier (NDM), Landsberger Str. 356,
   8000 München 21
   Tel. 0 89 / 5 80 80 74
Räuchergeräte, Räuchermehl, Zubehör

Rezeptverzeichnis

Sachregister

Das Standard-werk der biologischen Küche.	*Gesunde Ernährung für körperliches und seelisches Wohl.*	*Endlich! Die Diät, die Spaß macht.*	*Schnäpse und Liköre – Auch ein Stück Gesundheit?*

Helma Danner

Biologisch kochen und backen

Das Rezeptbuch der natürlichen Ernährung

ECON Ratgeber

Ilse Sibylle Dörner

Das grüne Kochbuch

Handbuch der naturbelassenen Küche

ECON Ratgeber

Ilse Sibylle Dörner

Diät mit Bio-Kost

Schlank, gesund und fit

ECON Ratgeber

Katharina Buss

Leib- und Magen-elixiere

Selbstgemachte Liköre und Schnäpse

ECON Ratgeber

Danner, Helma
Biologisch kochen und backen
– Das Rezeptbuch der natürlichen Ernährung –
288 Seiten, 8 Farbtafeln, 425 Rezepte
14,80 DM
ISBN 3-612-20003-8
ETB 20003

Dörner, Ilse Sibylle
Das grüne Kochbuch
– Handbuch der naturbelassenen Küche –
270 Seiten
20 Zeichnungen
382 Rezepte
12,80 DM
ISBN 3-612-20026-7
ETB 20026

Dörner, Ilse Sibylle
Diät mit Bio-Kost
– Schlank, gesund und fit –
Originalausgabe
189 Seiten
16 Zeichnungen
232 Rezepte
9,80 DM
ISBN 3-612-20019-4
ETB 20019

Buss, Katharina
Leib- u. Magenelixiere
– Selbstgemachte Liköre u. Schnäpse –
Originalausgabe
144 Seiten
30 Zeichnungen
4 Farbtaf., 167 Rezepte
8,80 DM
ISBN 3-612-20018-6
ETB 20018

Das Buch
Natürliche Ernährung ist nicht nur gesund, sondern auch wohlschmeckend, durch sie können Krankheiten geheilt, gelindert und verhindert werden: Karies, Paradontose, Erkrankung des Bewegungsapparates, Zuckerkrankheit, Leber-, Gallen-, Nierenerkrankungen, Beschwerden der Verdauungsorgane, Gefäßerkrankungen u. v. a. m. Naturbelassene Ernährung bringt dem Menschen neuen Schwung, Elastizität, Ausdauer und hohe Konzentrationsfähigkeit, sie erhält ihn gesund und schlank.
Die Rezepte in diesem Buch sind praxiserprobt.

Die Autorin
Helma Danner ist Gesundheitsberaterin. Sie beschäftigt sich seit vielen Jahren mit der wissenschaftlichen und Laienliteratur auf dem Ernährungssektor, mit neuesten und alten Gesundheits- und Kochbüchern.

Das Buch
Das Handbuch der naturbelassenen Küche beweist mit über 380 Rezepten, daß man gesund leben und trotzdem köstlich essen kann.
Modernes Kochen mit frischen und gesunden Lebensmitteln, die schonend, selbst für schmackhafte Speisen, verarbeitet werden – unter dieser Maxime steht das grüne Kochbuch mit seinen vielen praxiserprobten Rezepten, Anleitungen, Tips und Ratschlägen zur naturbelassenen Küche. Es zeigt aber auch, daß Kochen nicht erst am Herd beginnt: Joghurt und Käse, Gemüse und Kräuter aus eigener Produktion bereichern jeden Tisch.

Die Autorin
Ilse Sibylle Dörner schreibt als freie Journalistin u. a. für die Zeitschrift „Feinschmecker". Sie ist Autorin mehrerer Kochbücher.

Das Buch
Bio-Diät ist eine neue, gesunde Möglichkeit, schlank zu werden und schlank zu bleiben. Köstliche Rezepte, eine Einführung in die Kräuter- und Keimlingszucht, Bio-Kosmetik und Bio-Medizin verleiten den Leser, sofort anzufangen und ohne Qual und zeitliche Begrenzung seinem Körper etwas Gutes zu tun, ihn schlank und fit zu halten.

Die Autorin
Ilse Sibylle Dörner schreibt als freie Journalistin u. a. für die Zeitschrift „Feinschmecker". Sie ist Autorin mehrerer Kochbücher, u.a. „Das grüne Kochbuch", ein Standardwerk für die alternative Küche.

Das Buch
Äbte, Padres und Nonnen durften keinen Alkohol zu sich nehmen, und doch haben sie die besten Rezepte für die Zubereitung von Kräuterlikören und Schnäpsen zusammengestellt.
Viele der alten Klostertränke sind hier in etwa 200 Rezepten aufgenommen. Für jeden Geschmack und für die Gesundheit obendrein ist etwas dabei. Eine Tabelle über die Reifezeiten von Früchten und Kräutern erleichtern die jährliche Planung der eigenen Herstellung.

Die Autorin
Katharina Buss ist Lebensmitteljournalistin, sie schreibt u. a. für den „Feinschmecker". Die Rezepte hat sie selbst ausprobiert.

*Primadonna,
die man
lieben muß.*

*Das Rauhbein
mit der
zarten Seele.*

*Mischlinge
haben die
besten
Charaktere.*

*Meine ersten
eigenen Fische.*

Brigitte Eilert-Overbeck

Meine Katze

Verhalten, Ernährung, Pflege

Begleitbuch zur ZDF-Serie
»Mit Tieren leben«

ECON Ratgeber

Arnt-Günter Nimz

Mein Hund

Verhalten, Erziehung, Pflege

Begleitbuch zur ZDF-Serie
»Mit Tieren leben«

ECON Ratgeber

Rolf Spangenberg

**Klassehunde
ohne Rasse**

Freundschaft,
die nie enttäuscht

ECON Ratgeber

Hans J. Mayland

**Aquarium
für Anfänger**

Beckenarten, Aquarien-
technik, Bepflanzung, Fische

ECON Ratgeber

Eilert-Overbeck, B.
Meine Katze
Verhalten, Ernährung,
Pflege
Originalausgabe
140 Seiten
24 Zeichnungen
8,80 DM
ISBN 3-612-20151-4
ETB 20151

Das Buch
Katzen wollen den Familienanschluß, ja sogar die „Gleichberechtigung" von ihrem menschlichen Wohngenossen. Sie können zärtliche Schmusetiere sein, aber sie können auch das Erbe ihrer wilden Verwandten nicht leugnen. In diesem Buch erfährt man alles, was für das Zusammenleben und Verständnis notwendig ist.

Aus dem Inhalt
Die Katze – ein Tier mit Persönlichkeit · Grundvoraussetzungen für die Katzenhaltung · Eine Katze kommt in die Familie · Wohnungskatze oder „Freiläufer" · Ernährung und Pflege · Gesundheit und Geburtenkontrolle · Welche Katze soll es sein?

Die Autorin
Brigitte Eilert-Overbeck ist Journalistin und Autorin mehrerer Katzenbücher.

Das Buch erscheint als Begleitbuch zur ZDF-Serie „Mit Tieren leben".

Nimz, Arnt-Günter
Mein Hund
Verhalten, Erziehung,
Pflege
Originalausgabe
128 Seiten
ca. 30 Zeichnungen
8,80 DM
ISBN 3-612-20150-6
ETB 20150

Das Buch
Hunde sind die treuesten Haustiere, ob es nun Rassehunde oder Mischlinge sind. In diesem Buch wird von einem kompetenten Autor alles das beschrieben, was wichtig ist für das Zusammenleben von Hund und Mensch, sowohl in der Stadt als auch auf dem Land.

Aus dem Inhalt
Welcher Hund ist der richtige? · Kleine Hundepsychologie · Erziehung des Hundes · Richtige Ernährung · Hund und Kind · Der vierbeinige Patient · Mit Hund auf Reisen · Leben mit Hunden.

Der Autor
Dr. med. vet. A.-G. Nimz ist Kleintierarzt mit eigener Praxis und hat jahrelange Erfahrung im Umgang mit Hunden.

Das Buch erscheint als Begleitbuch zur ZDF-Serie „Mit Tieren leben".

Spangenberg, Rolf
*Klassehunde
ohne Rasse*
Freundschaft,
die nie enttäuscht
224 Seiten
30 Fotos
9,80 DM
ISBN 3-612-20109-3
ETB 20109

Das Buch
Eine „Promenadenmischung" werden sie oft abfällig genannt, die liebenswerten Hunde, die auf keinen makellosen Stammbaum zurückblicken können. Dabei sind sie besonders kraftvoll, widerstandsfähig und anhänglich.

Aus dem Inhalt
Erwerb · Rassenstolz · Hundeknigge · Körpersignale kultivieren · Stimmklang modulieren · Soziale Stellung betonen · Hundestrafen · Haltung und Pflege · Der erste Tag · Der Alltag · Hundeliebe · Tierquälerei · Tierschutzvereine und Tierheime

Der Autor
Dr. Rolf Spangenberg ist Tierarzt und Sachbuchautor.

Mayland, Hans J.
*Aquarium
für Anfänger*
Beckenarten,
Aquarientechnik,
Bepflanzung, Fische
Originalausgabe
144 Seiten, 30 Farbfotos, 60 Zeichnungen
9,80 DM
ISBN 3-612-20100-X
ETB 20100

Das Buch
Fische sind nicht nur schön, sie stellen auch ein wahres Nervenelixier dar. Das Aquarium und seine Pflege sind ein Hobby für die ganze Familie. Kinder lernen das Wunder der Fortpflanzung sowie die Liebe zur Kreatur.

Aus dem Inhalt
Welchen Aquariumtyp brauchen wir? · Wohin mit dem Aquarium? · Größe und Gewicht eines Aquariums · Keine Angst vor der Technik! · Einrichtung des Beckens · Das Wasser · Über die Bepflanzung · Die Fische · Fütterung · Aquarienmedizin

Der Autor
Hans J. Mayland ist der bekannteste deutsche Aquaristik-Autor.

Gesundheit

Maximilian Alexander
Die (un)heimlichen Krankmacher
Vorbeugen, erkennen, heilen

ECON Ratgeber

ETB 20039 **DM 9,80**
Originalausgabe,
144 Seiten

Wolf Ulrich
Allergien sind heilbar
Hilfe bei Heuschnupfen und anderen allergischen Krankheiten

ECON Ratgeber

ETB 20023 **DM 8,80**
159 Seiten,
14 Zeichnungen

Maximilian Alexander
Rheuma ist heilbar
Neueste Naturheilmethoden

ECON Ratgeber

ETB 20017 **DM 7,80**
142 Seiten

Bernard A. Bäker
Gelenk-erkrankungen

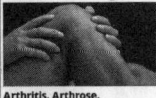

Arthritis, Arthrose, Gelenkrheuma

ECON Ratgeber

ETB 20080 **DM 8,80**
141 Seiten,
57 Zeichnungen,
12 Fotos

Gerhard Leibold
Das Kreuz mit dem Kreuz

Bandscheibenschäden vorbeugen und heilen

ECON Ratgeber

ETB 20133 **DM 7,80**
Originalausgabe,
ca. 144 Seiten,
15 Zeichnungen

Bernard A. Bäker
Migräne und Kopfschmerzen sind heilbar

ECON Ratgeber

ETB 20063 **DM 7,80**
115 Seiten,
6 Zeichnungen

Werner Zenker
Mit Asthma leben lernen

ECON Ratgeber

ETB 20049 **DM 7,80**
Originalausgabe,
173 Seiten

Werner Zenker
Mein Kind hat Asthma

ECON Ratgeber

ETB 20037 **DM 9,80**
Originalausgabe,
202 Seiten

Martin Schwartz
Stottern ist heilbar

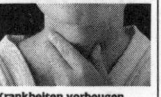

Erfolgreiche Behandlungsmethoden

ECON Ratgeber

ETB 20057 **DM 7,80**
176 Seiten

Gerhard Leibold
Die Schilddrüse

Krankheiten vorbeugen und behandeln

ECON Ratgeber

ETB 20106 **DM 7,80**
Originalausgabe,
ca. 128 Seiten,
4 Zeichnungen

Bernard A. Bäker
Brustkrebs

Vorbeugen, erkennen, handeln

ECON Ratgeber

ETB 20107 **DM 8,80**
Originalausgabe,
ca. 176 Seiten,
Zeichnungen

Gerhard Leibold
Risikofaktor Cholesterin

Erkennen und vorbeugen

ECON Ratgeber

ETB 20083 **DM 7,80**
Originalausgabe,
138 Seiten, 5 Zeichnungen

Michael Eisenberg
Magenkrank?

Behandlung und Heilung

ECON Ratgeber

ETB 20068 **DM 8,80**
159 Seiten,
14 Zeichnungen

Angela Kilmartin
Blasen-entzündung

Vorbeugen und selbst behandeln

ECON Ratgeber

ETB 20072 **DM 8,80**
164 Seiten,
18 Zeichnungen

Wolf Ulrich
Zellulitis ist heilbar
Orangenhaut – vorbeugen und selbst behandeln

ECON Ratgeber

ETB 20012 **DM 6,80**
128 Seiten,
51 Fotos

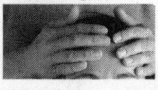

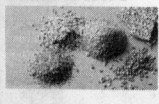

Essen

und

Trinken

Ilse Sibylle Dörner
Das grüne Kochbuch
Handbuch der naturbelassenen Küche

ECON Ratgeber

ETB 20026   DM 12,80
270 Seiten,
20 Zeichnungen,
382 Rezepte

Helma Danner
Biologisch kochen und backen
Das Rezeptbuch der natürlichen Ernährung

ECON Ratgeber

ETB 20003   DM 14,80
288 Seiten,
8 Farbtafeln,
425 Rezepte

Ilse Sibylle Dörner
Diät mit Bio-Kost
Schlank, gesund und fit

ECON Ratgeber

ETB 20019   DM 9,80
Originalausgabe,
189 Seiten, 16 Zeichnungen,
232 Rezepte

Helma Danner
Bio-Kost für mein Kind

ECON Ratgeber

ETB 20050   DM 8,80
160 Seiten,
20 Zeichnungen

Anneliese und Gerhard Eckert
Selbst räuchern

Fische, Fleisch und Wurst ... Rezepte

ECON Ratgeber

ETB 20087   DM 9,80
Originalausgabe,
144 Seiten,
Zeichnungen

Veronika Müller
Käse und Joghurt selbst herstellen

Mit 100 Rezepten zum Kochen

ECON Ratgeber

ETB 20136   DM 8,80
Originalausgabe,
ca. 128 Seiten,
20 Zeichnungen

Heidemarie Freund
Marmeladen, Konfitüren und Gelees

150 Rezepte

Originalausgabe

ECON Ratgeber

ETB 20144   DM 9,80
Originalausgabe,
ca. 128 Seiten,
Zeichnungen

Ilse Sibylle Dörner
Kochen und heilen mit Honig

ECON Ratgeber

ETB 20070   DM 9,80
221 Seiten,
15 Zeichnungen,
516 Rezepte

Peter Espe
Tips für den Weinkauf

Band 1: Das Grundwissen

ECON Ratgeber

ETB 20148   DM 8,80
168 Seiten,
20 Zeichnungen

Katharina Buss
Leib- und Magenelixiere
Selbstgemachte Liköre und Schnäpse

ECON Ratgeber

ETB 20018   DM 8,80
Originalausgabe,
144 Seiten, 30 Zeichnungen,
4 Farbtafeln, 167 Rezepte

Peter C. Hubschmid
Tee – für Kenner und Genießer

Ein Brevier mit 40 Teerezepten

ECON Ratgeber

ETB 20073   DM 8,80
Originalausgabe,
144 Seiten,
20 Zeichnungen

Gini Rock
Aus der Bohne wird Kaffee
80 Rezepte zur Zubereitung eines klassischen Getränks

ECON Ratgeber

ETB 20048   DM 8,80
Originalausgabe,
168 Seiten,
37 Abbildungen

Natur

Heidrun und Friedrich Jantzen
Das Gartenjahr im Gemüsegarten

ECON Ratgeber

ETB 20108   DM 9,80
Originalausgabe,
ca. 128 Seiten,
ca. 100 Zeichnungen und Fotos

Ina Jung
Biologisch düngen

Gesunder Boden, weniger Schadstoffbelastung, mehr Ertrag

ECON Ratgeber

ETB 20134   DM 9,80
Originalausgabe,
ca. 128 Seiten,
ca. 50 Zeichnungen

Ina Jung

Der ökologische Wassergarten

Ein Biotop im Garten

ECON Ratgeber

ETB 20142   DM 9,80
Originalausgabe,
ca. 144 Seiten,
ca. 50 Zeichnungen

Ina Jung

Der Ökogarten für Kinder

Natur verstehen auf kleinstem Raum

ECON Ratgeber

ETB 20099   DM 9,80
Originalausgabe,
128 Seiten,
50 Zeichnungen

Gustav Schoser

Pflanzen überwintern

Immergrüne und laubabwerfende Gehölze, krautige Pflanzen
Originalausgabe

ECON Ratgeber

ETB 20085   DM 9,80
Originalausgabe,
ca. 144 Seiten,
ca. 50 Zeichnungen

Gustav Schoser

Zimmerpflanzen unter Kunstlicht

ECON Ratgeber

ETB 20116   DM 9,80
Originalausgabe,
ca. 144 Seiten, 4 Farbtafeln,
30 Fotos und Zeichnungen

**Katharina Buss
Der Nutzgarten im Blumentopf**

Kräuter und Gemüse
statt Zierpflanzen

ECON Ratgeber

ETB 20059   DM 9,80
205 Seiten,
66 Zeichnungen

Brigitte Eilert-Overbeck

Meine Katze

Verhalten, Ernährung, Pflege

Begleitbuch zur ZDF-Serie
»Mit Tieren leben«

ECON Ratgeber

ETB 20151   DM 8,80
Originalausgabe,
140 Seiten,
24 Zeichnungen

Arnt-Günter Nimz

Mein Hund

Verhalten, Erziehung, Pflege

Begleitbuch zur ZDF-Serie
»Mit Tieren leben«

ECON Ratgeber

ETB 20150   DM 8,80
Originalausgabe,
128 Seiten,
ca. 30 Zeichnungen

Udo B. Brumpreiksz

Mein Dackel

Pflege, Ernährung, Krankheiten

ECON Ratgeber

ETB 20086   DM 8,80
Originalausgabe,
ca. 144 Seiten,
ca. 30 Abbildungen

Rolf Spangenberg

Klassehunde ohne Rasse

Freundschaft,
die nie enttäuscht

ECON Ratgeber

ETB 20109   DM 9,80
224 Seiten,
30 Fotos

Horst Schall

Mein Kaninchen

Herkunft, Verhalten, Pflege

Begleitbuch zur ZDF-Serie
»Mit Tieren leben«
Originalausgabe

ECON Ratgeber

ETB 20135   DM 8,80
Originalausgabe,
ca. 160 Seiten,
30 Fotos und Zeichnungen

Hans J. Mayland

Aquarium für Anfänger

Beckenarten, Aquarientechnik, Bepflanzung, Fische

ECON Ratgeber

ETB 20100   DM 9,80
Originalausgabe,
144 Seiten,
30 Farbfotos, 60 Zeichnungen

Gaby Karmann
Detlef Ost

Naturheilkunde für Katzen

ECON Ratgeber

ETB 20077   DM 7,80
Originalausgabe,
96 Seiten,
21 Zeichnungen

I. Ghosh

Naturheilkunde für Hunde

ECON Ratgeber

ETB 20076   DM 7,80
Originalausgabe,
120 Seiten,
14 Zeichnungen

Walter Salomon

Naturheilkunde für Pferde

ECON Ratgeber

ETB 20117   DM 9,80
Originalausgabe,
ca. 208 Seiten,
40 Fotos und Zeichnungen

Marga Drossard
Ursula Letschert

Naturheilkunde für Kleintiere

ECON Ratgeber

ETB 20118   DM 9,80
Originalausgabe,
ca. 160 Seiten,
ca. 40 Zeichnungen

Hobby

Heidemarie Freund
Schöne Geschenke selbst gebastelt

ECON Ratgeber

ETB 20088   DM 8,80
Originalausgabe,
112 Seiten,
ca. 70 Zeichnungen

Heidemarie Freund
Basteln mit Kindern

Zauberhafte Ideen für 4- bis 10jährige

ECON Ratgeber

ETB 20101   DM 8,80
Originalausgabe,
112 Seiten,
ca. 70 Zeichnungen

Christel Keiler
Seidenmalerei

ECON Ratgeber

ETB 20137   DM 14,80
Originalausgabe,
112 Seiten,
ca. 30 Fotos, 16 Farbtafeln

Eva Gabisch
Chinesische Malerei
Anleitung für ein schöpferisches Hobby

ECON Ratgeber

ETB 20011   DM 5,80
95 Seiten,
3 Farbtafeln,
70 Zeichnungen

Annette Arnold
Kerzen und Figuren aus Bienenwachs

Anleitung zum Selbermachen

ECON Ratgeber

ETB 20110   DM 9,80
Originalausgabe,
128 Seiten,
ca. 50 Fotos und Zeichnungen

Edda Biesterfeld
Kleine Kunst auf weißem Gold
Ein Kurs zum Erlernen der Porzellanmalerei

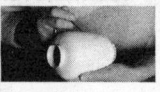

ECON Ratgeber

ETB 20009   DM 8,80
157 Seiten,
16 Farbfotos,
80 Zeichnungen

Dieter Heitmann
Holz – das natürlichste Spielzeug der Welt
Ideen zum Selbermachen

ECON Ratgeber

ETB 20034   DM 12,80
122 Seiten,
68 Fotos, 13 Farbfotos,
100 Zeichnungen

Klaus Oberbeil
Kaufen und verkaufen auf dem Flohmarkt

ECON Ratgeber

ETB 20079   DM 8,80
Originalausgabe,
160 Seiten

Heiner Vogelsang
Trödel sammeln und restaurieren
1000 Tips für den Umgang mit alten Stücken

ECON Ratgeber

ETB 20042   DM 12,80
Originalausgabe,
174 Seiten, 8 Farbtafeln,
36 Zeichnungen

Helmut-Maria Glogger
Kunst und Antiquitäten sachkundig kaufen

ECON Ratgeber

ETB 20089   DM 14,80
Originalausgabe,
ca. 180 Seiten,
ca. 40 Zeichnungen

Siegfried Sterner
Hausmusik
Vergnügen in Dur und Moll

ECON Ratgeber

ETB 20036   DM 9,80
187 Seiten,
31 Zeichnungen

Spiele und Unterhaltung

H. Otake
S. Futakuchi
Go

Das Einführungsbuch des Deutschen Go-Bundes

ECON Ratgeber

ETB 20103   DM 9,80
Deutsche Erstausgabe,
200 Seiten,
250 Diagramme

Alfred Schwarz
Backgammon

Das offizielle Regelbuch des Deutschen Backgammon-Bundes

ECON Ratgeber

ETB 20112   DM 9,80
Originalausgabe,
ca. 128 Seiten,
116 Zeichnungen

Ruth Dirx
Kinderspiele von Januar bis Dezember
Unterhaltung für Mädchen, Jungen und Eltern

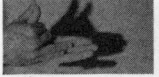

ECON Ratgeber

ETB 20032   DM 7,80
175 Seiten,
55 Zeichnungen,
198 Spielideen

Isolde Kiskalt

Wir feiern eine Kinderparty

Spiele, Rezepte, Zaubereien
für 4- bis 10jährige

ECON Ratgeber

ETB 20102   DM 7,80
Originalausgabe,
128 Seiten,
86 Zeichnungen

Martin Weghorn

1000 Fragen zur Umwelt

Ein Quizbuch für Wissen
und Unterhaltung

ECON Ratgeber

ETB 20090   DM 7,80
Originalausgabe,
128 Seiten,
ca. 100 Zeichnungen

Martin Weghorn

1000 Fragen zur Geographie

Ein Quizbuch für Wissen
und Unterhaltung

ECON Ratgeber

ETB 20111   DM 7,80
Originalausgabe,
ca. 128 Seiten,
ca. 10 Zeichnungen

Martin Weghorn

1000 Fragen zur Geschichte

Ein Quizbuch für Wissen
und Unterhaltung

ECON Ratgeber

ETB 20138   DM 7,80
Originalausgabe,
ca. 128 Seiten

Reden, Briefe, deutsche Sprache

Edith Hallwass

Gutes Deutsch in allen Lebenslagen

ECON Ratgeber

ETB 20139   DM 14,80
530 Seiten

Heidemarie Müller

Die schönsten Poesiealbumverse

ECON Ratgeber

ETB 20092   DM 6,80
Originalausgabe,
111 Seiten

Frank Hercher

Ansprachen, Reden, Toasts

Für alle Gelegenheiten

ECON Ratgeber

ETB 20093   DM 9,80
224 Seiten

Franz Bludau

Liebesbriefe

Musterbriefe für Verliebte

ECON Ratgeber

ETB 20105   DM 7,80
Originalausgabe,
ca. 128 Seiten

Brigitte Otto

Vornamen

Herkunft und Bedeutung
Von Abigail bis Zygmunt
originalausgabe

ECON Ratgeber

ETB 20113   DM 7,80
Originalausgabe,
ca. 160 Seiten

Lebenshilfe

Peter Lauster

Lassen Sie sich nichts gefallen

Die Kunst,
sich durchzusetzen
Mut zum Ich

ECON

ETB 20081   DM 12,80
285 Seiten,
33 Zeichnungen

Anton und Marie-Luise Stangl

Lebenskraft

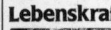

Selbstverwirklichung durch
Eutonie und Zen

ECON Ratgeber

ETB 20094   DM 12,80
296 Seiten

Marie-Luise Stangl

Jede Minute sinnvoll leben

Vertrauen zu sich selbst
gewinnen

ECON Ratgeber

ETB 20015   DM 5,80
123 Seiten

Marie-Luise Stangl

Die Welt der Chakren

Praktische Übungen
zur Seins-Erfahrung

ECON Ratgeber

ETB 20022   DM 5,80
Originalausgabe,
107 Seiten,
49 Zeichnungen

Joseph Wolpe

Unsere sinnlosen Ängste

Wege zu ihrer Überwindung

ECON Ratgeber

ETB 20031   DM 8,80
204 Seiten

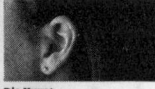

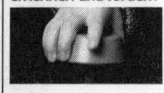

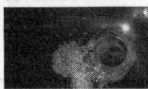

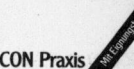